Le grand monde
des petits de 0 à 5 ans

Du même auteur dans la même collection:

Comprendre et guider le jeune enfant – À la maison, à la garderie

La Collection du CHU Sainte-Justine
pour les parents

Le grand monde des petits de 0 à 5 ans

Sylvie Bourcier

Éditions du CHU Sainte-Justine

Centre hospitalier universitaire mère-enfant

Catalogage avant publication de Bibliothèque et Archives Canada

Bourcier, Sylvie

Le grand monde des petits de 0 à 5 ans.

(La collection du CHU Sainte-Justine pour les parents)
Comprend des réf. bibliogr.

ISBN 2-89619-063-5

1. Tout-petits - Psychologie. 2. Enfants d'âge préscolaire - Psychologie.
3. Éducation des enfants. 4. Famille et garderie.
5. Tout-petits - Développement. I. Titre. II. Titre: Grand monde des petits
de zéro à cinq ans. III. Collection: Collection du CHU Sainte-Justine pour
les parents.

HQ774.5.B68 2006   649'.122   C2006-941311-8

Illustration de la couverture: Marie-Claude Favreau

Infographie: Folio infographie

Diffusion-Distribution au Québec: Prologue inc.
        en France: CEDIF (diffusion) — Casteilla (distribution)
        en Belgique et au Luxembourg: S.A. Vander
        en Suisse: Servidis S.A.

Éditions du CHU Sainte-Justine
3175, chemin de la Côte-Sainte-Catherine
Montréal (Québec) H3T 1C5
Téléphone: (514) 345-4671
Télécopieur: (514) 345-4631
www.chu-sainte-justine.org/editions

Dépôt légal: Bibliothèque et Archives nationales du Québec, 2006
        Bibliothèque et Archives nationales du Canada, 2006

Certains des textes qui composent le présent ouvrage sont parus soit dans le magazine *Enfants Québec*, soit dans la revue *Bien grandir* ou sur le site de *PetitMonde*.

Remerciements

▼

À mes parents, Marguerite Poirier et Ronald Bourcier, pour leur amour tendresse qui m'a rassurée et réchauffée, et pour leur amour fondateur qui m'a encadrée et m'a permis de m'épanouir.

Je remercie Germain Duclos, mon complice de tous les jours, pour ses encouragements et ses commentaires pertinents.

Je tiens aussi à souligner l'apport des personnes suivantes :

Marguerite Béchard, pour sa disponibilité et son souci du travail bien fait, Luc Bégin et Marise Labrecque des Éditions du CHU Sainte-Justine, pour leur compréhension et leur professionnalisme, et l'équipe du *Magazine Enfants Québec* qui me fait toujours confiance après toutes ces années.

Table des matières

▼

AVANT-PROPOS

▼

Ce livre est destiné aux parents, aux éducatrices et aux intervenants qui œuvrent auprès des enfants de 0 à 5 ans. Je ne prétends pas faire une revue exhaustive de l'univers enfantin mais plutôt suggérer des réponses à certaines questions posées par les adultes qui accompagnent les petits dans la découverte de leur monde et du monde extérieur.

La famille de l'enfant est évoquée dans la première partie du livre. Dans une deuxième partie, je présente différents visages du monde affectif des enfants. Dès sa tendre enfance, l'enfant est une personne à part entière, unique, qui cherche à sa façon à exprimer qui il est, ce qu'il ressent. Qu'il boude, se mette en colère, craigne la saleté ou semble constamment insatisfait, il parle de lui et a besoin qu'on le comprenne et qu'on donne du sens à ce qu'il vit par la parole.

L'enfant cherche à s'accomplir, à se connaître dans la rencontre avec les autres. Il se construit dans la relation avec son éducatrice et ses amis de la garderie. C'est pourquoi j'aborde, dans la troisième partie, l'intégration en milieu de garde et le lien entre la famille et ce milieu éducatif. Enfin, je me penche sur des préoccupations touchant la petite enfance dont l'entrée à la maternelle et l'utilisation des corrections physiques pour l'éducation de l'enfant.

L'enfant a besoin de limites, de repères pour prendre conscience de lui-même et des autres. Françoise Dolto utilisait le mot *humanisation* pour désigner l'éducation. Cette humanisation s'édifie par la transmission de valeurs, de règles, de modes d'emploi à la vie sociale et dans la relation chaleureuse avec l'enfant, lui offrant ainsi le premier modèle de cette humanité.

Pour écrire ces chroniques de la vie des petits, j'ai puisé non seulement dans mon expérience d'intervenante en petite enfance mais aussi dans mon expérience de parent et parfois même dans mes propres souvenirs d'enfant, sans oublier les connaissances les plus actuelles sur le sujet. Nous rappeler nos joies, nos chagrins, nos amours d'enfant ne nous permet-il pas d'entrer avec plus de sensibilité dans le grand monde des petits de 0 à 5 ans ?

Note au lecteur

Les mots « milieu de garde » et « garderie » utilisés dans le présent ouvrage signifient au Québec des lieux d'accueil où les enfants de 3 mois à 5 ans évoluent. Après 5 ans, les enfants sont intégrés au système scolaire.

LE PETIT DANS LA FAMILLE

Jusqu'à quand, la doudou ?

▼

Les jeunes ont souvent un objet fétiche, une doudou, qu'ils traînent partout avec eux. Mais certains semblent avoir du mal à y renoncer, même lorsqu'ils atteignent l'âge de 4 ans. Faut-il s'en inquiéter ?

Maude regarde sa maman quitter la garderie, les yeux dans l'eau, sa doudou contre son cœur. Elle rejoint tristement son groupe appelé *Les joyeux lurons*. Les enfants sont attablés pour la collation. L'éducatrice demande à Maude de déposer sa petite couverture dans son casier. Maude enfouit son visage dans sa doudou. «Voyons, Maude, l'année prochaine, à la maternelle, tu ne pourras pas garder ta doudou avec toi. Va la porter. Tu connais la consigne : la doudou, c'est pour la sieste. »

Doux souvenirs de la doudou

La doudou, couverture de bébé ou toutou imprégné de l'odeur maternelle, permet à l'enfant d'affronter la solitude, les changements ou les frustrations. Cet objet, qu'on appelle transitionnel, fait le pont entre le connu, la mère et l'inconnu. Le souvenir des parfums familiers dans la doudou sécurise l'enfant.

Maude enfouit son visage dans sa couverture de bébé, respire l'odeur de sa maman et se rattache à cette relation chaleureuse. Ce qu'elle dit ainsi, c'est : «Je me sens bousculée. Je ne connais pas tous ces enfants et l'éducatrice. Mais je sais que je reverrai maman et papa ce soir. Ils seront toujours là pour moi. »

Us et coutumes de la doudou

Le bébé est très sensible aux odeurs. Le lait maternel, le parfum du savon, l'odeur unique de la peau de maman sont pour lui des repères, un ancrage de sécurité. Le poupon en garderie s'apaise en respirant l'odeur connue des parfums de sa mère et de sa maison. Certains d'entre eux en auront besoin toute la journée pour apprivoiser le monde inconnu de la pouponnière. Peu à peu, les petits délaissent la doudou lorsqu'ils jouent, mais ils la réclament à la sieste, lorsqu'ils s'ennuient ou vivent une frustration ou encore lorsqu'ils font face à un élément nouveau de leur environnement.

À 2 ans, la perte de la doudou est une catastrophe, car le petit éprouve encore beaucoup de difficulté à s'en séparer. Le langage viendra progressivement donner d'autres moyens pour signifier la peine, la crainte ou l'ennui. Toutefois, les grands de 4 ans peuvent avoir encore recours à la doudou pour se sécuriser lors des périodes d'adaptation. C'est le cas de Maude qui a changé de groupe. Elle s'était beaucoup attachée à Suzie, son éducatrice précédente. Suzie avait compris le besoin de Maude et avait accepté qu'elle traîne sa doudou au début de son intégration dans le groupe. «Maude, tu t'ennuies de ta maman. Tu te demandes comment nous nous entendrons toutes les deux. Tu sais, je comprends ton inquiétude. Tu pourras garder ta doudou le temps qu'il te faudra pour t'habituer à moi.» Au bout de deux jours, Maude avait rangé d'elle-même sa doudou.

Par ces expériences de séparation faites en douceur dans le respect de son rythme propre, l'enfant développe des stratégies d'adaptation qui lui serviront tout au long de sa vie. Maude a besoin d'observer et de créer des liens chaleureux avec l'adulte puis, réconfortée, elle délaisse sa doudou et va vers les autres et peut s'amuser en toute sécurité.

Bye-bye doudou !

Voici quelques conseils pour guider l'enfant dans le « sevrage » de la doudou. En général, aucune intervention n'est nécessaire, et le processus se fait naturellement avec le temps.

- Permettez à votre petit d'avoir sa doudou lors de la période d'intégration dans un nouveau groupe d'enfants à la garderie.

- Demandez à l'éducatrice d'observer à quels moments ou à quelle occasion de la journée le petit a recours à sa doudou. Vous pourrez ainsi cibler ce qui l'inquiète et mettre en place des moyens pour l'aider à vivre ces moments. L'éducatrice devra expliquer ce qui se passe, le déroulement de la transition ou de l'activité et nommer les émotions qu'il vit. Cela lui permettra d'anticiper les choses et de se sécuriser. Et, surtout, cela « légitime » ses émotions et lui indique qu'on l'accepte comme il est.

- Si votre enfant s'agrippe à nounours durant les périodes de jeu alors qu'il le laissait dormir dans son casier auparavant, demandez-vous d'où vient ce besoin et s'il vit quelque chose qui le trouble. Informez-vous auprès de l'éducatrice de votre enfant.

- Aménagez un rangement où il pourra laisser son trésor sans craindre de le perdre.

- Proposez-lui de déposer nounours sur l'armoire durant le dîner : nounours mangera sa nourriture de nounours et le regardera manger. Vous pouvez lui suggérer la même stratégie lorsqu'il fait des activités salissantes.

- Prévoyez un coin où votre enfant pourra à tout moment bercer son nounours ou s'envelopper de sa couverture. Peu à peu, il visitera cette oasis pour se ressourcer, sans avoir recours à sa doudou.

- S'il constate qu'il a oublié sa doudou, mais ne semble pas désorganisé, faites-lui remarquer qu'il a peut-être oublié sa doudou parce qu'il en a moins besoin. Si la perte ou l'oubli provoque un drame, soyez compréhensif: «Tu as de la peine; ta doudou te manque. Je pars pour le travail, ta doudou est à la maison, tu la retrouveras ce soir.» Demandez à l'éducatrice de lui proposer un nounours ou une couverture de rechange.

- Il ne faut, en aucun cas, lui retirer sa doudou en pensant que cela lui permettra d'en faire le deuil. C'est en le rassurant que vous l'aiderez à abandonner peu à peu cette source extérieure de sécurité. La doudou fait le pont entre le monde intérieur de l'enfant, son monde affectif et le monde extérieur. Certains enfants, plus fragiles aux changements et aux ruptures, s'y accrochent davantage.

Nous préservons tous précieusement des objets-souvenirs. Pour ma part, chaque fois que je porte la bague rouge que m'a offerte ma grand-mère maternelle, je souris. Je pense à tous les moments complices que nous avons partagés. Je vous avoue qu'il m'arrive même de la porter lors d'événements stressants avec la conviction qu'elle me protégera. Superstition peut-être, attachement assurément!

La jalousie des petits

▼

À l'arrivée du second enfant, les parents voient souvent leur aîné réagir par des manifestations d'inquiétude et de jalousie. Comment lui faire comprendre qu'il garde toute sa place dans leur cœur ?

« Il est laid, ton bébé ! » Voilà les premiers mots que j'ai dits à ma mère lorsqu'elle est revenue de l'hôpital avec cette longue chose maigre, blottie contre elle. Eh oui, il me semblait bien laid, ce bébé qui avait bouleversé ma vie de petite fille. C'était sa faute si ma maman m'avait quittée, si elle était si pâle et bien peu enthousiaste à l'idée de jouer avec moi. Les mois suivants ne s'annonçaient pas très réjouissants parce que cette chose bruyante ne savait rien faire. Alors, imaginez tout le temps que maman allait prendre pour s'occuper de lui !

Jalousie de l'aîné

La jalousie de l'aîné envers le deuxième enfant est une réaction normale de l'enfant face à une expérience nouvelle. L'enfant observe la différence des soins accordés au bébé et ceux qu'on lui octroie. Il se rend bien compte que le temps passé auprès du bébé dépasse largement le temps qu'on lui accorde. L'arrivée du bébé modifie la relation mère-enfant. L'aîné n'est plus le seul objet d'amour, il doit partager l'attention des parents. Chez les enfants d'âge préscolaire, l'égocentrisme rend particulièrement difficile la naissance du cadet. Ils sont centrés sur leur propre plaisir. Le bébé est perçu comme un intrus qui détrône l'aîné.

Heureusement, cette agressivité se tempère avec le temps. Dans un climat familial aimant, les plaisirs reliés au partage des jeux et à la complicité fraternelle permettront une compensation affective face à la perte d'amour exclusif vécue à la naissance du bébé.

Familles différentes, réactions différentes

Les réactions de jalousie dépendent de l'âge des enfants et du contexte. Le premier enfant est porteur d'anxiété pour les parents, puisque c'est avec lui qu'ils s'initient à leur rôle parental. Ce premier enfant est donc très investi par les parents désireux de tout faire pour combler ses besoins. C'est pourquoi il est particulièrement difficile pour lui de partager cet amour si exclusif.

Il faudra donc le rassurer en lui montrant que ce désir d'enfant était aussi présent lors de sa propre naissance.

L'âge des enfants de la famille influe aussi sur le niveau d'adaptation de l'aîné. Plus l'écart avec l'enfant à venir est petit, plus il risque de s'installer un climat de compétition. Par contre, un écart trop grand isole les enfants. Un écart de deux ans et demi à trois ans favorise la complicité ainsi que la reconnaissance des privilèges et des obligations liés au statut d'aîné ou de cadet.

Différents visages de la jalousie fraternelle

La jalousie peut s'exprimer de différentes manières : régression, opposition ou agression.

Avant la naissance du bébé, l'enfant s'identifie à ses parents, donc à des modèles plus évolués que lui. À la naissance du bébé, l'enfant s'aperçoit que ses parents aiment le poupon. Il en vient à l'imiter, à retourner à un épisode de sa vie où il était petit et le seul objet d'amour de ses parents. Certains enfants recommencent à se souiller, demandent le biberon, veulent être bercés ou encore babillent comme un bébé au lieu de s'exprimer clairement comme ils en ont l'habitude. Ces régressions sont des réactions d'adaptation passagère.

D'autres aînés réagissent en vérifiant les limites, les règles existantes. Ils testent la constance des parents en contrevenant aux interdits. Il y a tant de changements autour d'eux qu'ils se demandent si les limites sont maintenues. D'ailleurs, certains collectionnent les bêtises après avoir constaté qu'elles constituent un moyen très efficace pour obtenir l'attention de leurs parents.

Enfin, plusieurs « délogés du trône » luttent précocement pour garder leur place d'unique amour de leurs parents. Ils poussent les plus jeunes à la garderie, donnent des coups à leur maman, embrassent le bébé de façon brusque, brisent ses jouets, cachent sa suce… Ils disent, à leur façon, qu'ils souhaitent la disparition de ce rival encombrant.

Préparer la venue du bébé

Comment préparer l'aîné à la venue du bébé afin de faciliter son adaptation à cette nouvelle réalité ? Voici des moyens pour y arriver.

- Annoncez à l'aîné la nouvelle en même temps qu'à son entourage. Cela va le sécuriser, car il ressent la fébrilité de la famille. Attention à la présentation du « cadeau » : « Nous voulons t'offrir une petite sœur pour t'amuser. » Le désir d'enfant est un désir d'adulte, un engagement parental, un choix de couple, sur lequel votre enfant n'a pas droit de regard. Ou encore : « Tu es si merveilleux que nous voulons un autre enfant comme toi. » Chaque enfant est différent, l'enfant à naître aussi. Dites simplement : « Nous sommes contents, nous avons une bonne nouvelle. »

- Favorisez les moments d'intimité entre son père et lui.

- Invitez-le à choisir un cadeau qui lui sera offert par le bébé à sa naissance.

- Offrez-lui une «poupée-nourrisson», qui deviendra un objet de transfert après la naissance.

- Aidez-le à s'imaginer la vie avec le bébé en lui parlant de ce qu'il faisait lorsque lui-même était bébé, photos à l'appui: il dormira beaucoup, il aura besoin de nous pour manger, il portera des couches…

- Limitez les sources de stress: évitez les déménagements, les changements de milieu de garde ou de lit… Maintenez les routines afin qu'il se sente en sécurité.

- Préparez votre enfant au déroulement de la journée de l'accouchement. Qui le gardera? Où et combien de temps?

- Proposez-lui de téléphoner à sa maman à l'hôpital et de visiter la pouponnière avec vous. Il peut aussi faire un dessin ou un bricolage pour la chambre de maman. Ainsi, malgré la séparation, il maintiendra les liens et la communication, et il sera rassuré sur le fait qu'on continue de l'aimer, même dans le changement.

Au secours, il réagit!

Si votre aîné réagit, c'est qu'il est inquiet de la place qu'il occupe maintenant dans votre cœur. «Suis-je encore son petit garçon d'amour maintenant que le petit frère est là?» Voici des façons de le rassurer.

- Dégagez les différences que vous avez observées. Nommez les avantages d'être l'aîné: se coucher plus tard, pouvoir aider papa ou maman, pouvoir se servir seul au repas…

- Prévoyez des moments d'intimité avec lui.

- Interdisez les manifestations agressives dangereuses : votre enfant connaît les limites et sait qu'il risque de perdre votre amour s'il blesse le bébé.

- Autorisez-le à être en colère. Il n'est pas obligé d'aimer le bébé dès le début. L'attachement se fera peu à peu naturellement. Les reproches («Tu es méchant») ou le chantage affectif («Tu fais de la peine à maman») jettent de l'huile sur le feu. Aidez votre enfant à verbaliser sa colère : «Tu es fâché contre le bébé. Tu aimerais être seul avec maman et que le bébé s'en aille», «Tu attends que ta sœur finisse de boire pour aller au parc. Tu es fâché d'attendre.»

- Évitez d'insister sur les aspects positifs de cette nouvelle présence et présentez aussi les inconvénients : «Le bébé pleure fort et nous dérange durant le souper…», «Ah, les jouets de bébé traînent partout!»

- Si votre enfant ne veut plus respecter les règles qu'il suivait pourtant si bien avant la venue du bébé, évitez la confrontation directe. Tentez la négociation, le compromis. Expliquez-lui que les attentes et les interdits ainsi que les moments de tendresse et de routine sont maintenus dans cette nouvelle dynamique.

- Permettez les régressions passagères. S'il demande la suce ou le biberon, s'il se mouille ou parle bébé, évitez les reproches et les punitions. Offrez-lui de l'attention positive lorsqu'il fait le grand. Valorisez les avantages dont jouit le grand et accordez une pause-tendresse ou une période d'activité juste pour lui.

Une occasion d'apprendre

Bien que la venue d'un bébé puisse représenter pour l'aîné une étape d'adaptation difficile, elle est indéniablement une source d'apprentissage. La famille est le prototype de la société où de nombreuses régulations sont nécessaires pour établir des liens et les maintenir. Si l'enfant voit que l'on comprend ses inquiétudes, qu'on l'accepte malgré ses comportements déroutants, qu'on l'aide à exprimer ses sentiments, cette période d'adaptation sera positive pour son développement.

De «bébé-saucisse», grand, long et maigre qui me faisait si peur et qui pleurait fort, mon frère Luc est devenu un complice à l'adolescence et un confident à l'âge adulte. Notre grand respect de la famille, l'amour et l'engagement envers les enfants nous unissent. N'est-ce pas merveilleux de savoir qu'il est là, qu'il sera toujours là?

Maman, viens jouer avec moi!

▼

Combien de fois par jour entendons-nous cette phrase : « Maman, viens jouer avec moi! » Et lorsque nous refusons l'invitation, par manque de temps ou d'envie, nous nous sentons un peu coupable. Nous ne devrions pas, car il est bon que, de temps en temps, les enfants jouent seuls.

Nadine, 4 ans, est assise dans le salon. Autour d'elle sont éparpillés la poupée Lulu, le berceau, le biberon, les vêtements de bébé, la trousse de médecin, des livres. « Maman, s'écrie-t-elle, viens jouer avec moi! » « Je prépare le souper et ton papa aide Étienne à faire ses devoirs, répond sa mère. Joue seule avec ton bébé Lulu. » « Non, insiste Nadine, je ne sais pas quoi faire. Viens jouer avec moi! »

Des besoins multiples

Pourquoi les enfants d'aujourd'hui ne savent-ils pas jouer seuls ? Pourquoi requièrent-ils notre présence dans leurs jeux ? Cette demande peut exprimer différents besoins. Parfois, c'est parce qu'ils font face à une difficulté, un objet coincé sous un meuble par exemple. L'aide des adultes sera de courte durée, et ils poursuivront leur jeu seuls.

Certains enfants sollicitent la présence de leurs parents alors qu'ils savent très bien s'occuper tout seuls. Il s'agit alors d'un prétexte pour obtenir l'attention, pour partager un moment de plaisir. C'est un appel d'amour. Ils cherchent à capter l'attention de leurs parents et à les amener dans leur univers. Ils désirent un regard totalement présent où le cellulaire, l'ordinateur et les tâches domestiques n'ont pas leur place. Ne souhaitons-nous pas nous aussi, les adultes, partager nos découvertes, nos joies et notre monde avec les êtres que nous aimons ?

D'autres enfants, malgré d'innombrables jouets, ne savent pas comment s'occuper tout seuls. Ils tournent en rond, exigent des jouets neufs ou des amis pour briser l'ennui. Il est à noter que cette dépendance aux objets s'accompagne souvent d'une dépendance à l'adulte.

Quelquefois, les enfants, fascinés par l'écran de télévision ou de l'ordinateur, deviennent passifs et dépendent des images projetées. Ils activent la souris, la manette du jeu vidéo ou la télécommande au gré de l'intérêt que suscitent les images. Or, ce n'est pas ainsi qu'ils développeront leur créativité et leur esprit d'initiative.

Le culte de l'enfant représente aussi un danger. Ainsi, Émile dévore l'énergie de ses parents. « Nous nous dévouons tellement à Émile, dit son père. Nous lui consacrons beaucoup de temps de jeu et, malgré cela, il ne cesse de réclamer notre participation. » L'enfant qui est devenu le centre de toutes les activités familiales, pour qui les désirs deviennent des besoins à combler, devient incapable de jouer seul et de tolérer les frustrations inhérentes à toute activité de groupe.

Il arrive que des enfants se retrouvent démunis lorsqu'ils n'ont rien à faire parce qu'ils sont habitués à vivre dans un milieu éducatif directif et à être très bien encadrés. En effet, comme tous les moments de la vie sont structurés et organisés, ils attendent les consignes de l'adulte pour agir. C'est pourquoi tout programme éducatif implanté dans les garderies doit prôner l'apprentissage actif par le jeu. Les enfants apprennent vers 3-4 ans à choisir le jeu dans lequel ils désirent s'investir et à planifier ce qu'ils comptent y faire. Les initiatives sont valorisées. L'éducatrice soutient le jeu spontané des enfants sans les diriger. Les jeux libres doivent faire partie du quotidien des petits qui fréquentent les milieux éducatifs. Non balisés par les contraintes quotidiennes, les enfants rêvent, s'évadent, explorent et actualisent dans l'imaginaire leurs désirs à eux. De plus, le fait d'être en groupe leur apprend à partager la présence de l'adulte et à attendre pour obtenir l'attention exclusive de l'éducatrice, ce qui favorise leur autonomie.

Un bon partenaire de jeu

Jouer, c'est du sérieux pour l'enfant. Au-delà de l'insouciance et de l'amusement, il y a un monde de découvertes : découverte de l'environnement, découverte des habiletés personnelles, découverte de la magie dans la créativité. Il y a aussi un monde d'expressions. L'enfant affirme ce qu'il est, ce qui le passionne, ce qui le touche, ce qui l'habite. Jouer avec son enfant, c'est devenir le témoin de ses découvertes et l'observateur amoureux de cet être qui grandit et devient peu à peu et de plus en plus lui-même.

Comme l'explique Francine Ferland[1], « le jeu, ce n'est pas un jouet, ce n'est pas une activité précise, c'est d'abord et avant tout un état d'esprit, une attitude ». C'est une attitude qui enrichit la relation et qui stimule l'enfant sans créer de dépendance. Entre le parent qui joue à la place de l'enfant et celui qui brille par son absence, il y a celui qui participe parfois en observateur, parfois en guide ou en collaborateur. Quel que soit le rôle de l'adulte dans le jeu spontané de l'enfant, c'est bien avant tout par son regard bienveillant et fier que le parent manifeste son

---

1. FERLAND, F. *Et si on jouait ? Le jeu durant l'enfance et pour toute la vie*. Montréal : Éditions du CHU Sainte-Justine, 2005.

amour et son intérêt. En nommant ce que fait l'enfant, l'adulte donne un sens à ses découvertes : « Tu as mis du rouge et du bleu, tu as maintenant du mauve », « Tu as déposé un gros bloc sur le petit et la tour est tombée. » En se montrant curieux, l'adulte amène l'enfant à faire des déductions. « Je me demande si tout le sable de la chaudière va entrer dans le bol » ou « Qu'est-ce qu'on peut faire pour que ça colle ? » En suscitant l'intérêt, le parent va au-delà du rôle d'enseignant. Il fait réfléchir, invite l'enfant à juger de la pertinence de ses stratégies et favorise son autonomie.

La parent agit aussi comme guide. Il aide l'enfant à faire des choix, à s'affirmer, à contrôler ses élans, comme en témoigne l'exemple suivant. Tristan a choisi de construire des cabanes. Son père lui fait remarquer qu'on ne peut pas utiliser la table à café du salon. Tristan propose la table de la cuisine et retire les chaises. Il se précipite pour aller chercher sa couverture et la doudou de sa petite sœur Rosalie afin de faire les murs de la cabane. Son papa l'invite à demander à Rosalie la permission de prendre sa doudou. Rosalie accepte mais veut se joindre au chantier. Tristan, l'architecte, a imaginé l'allure de sa cabane. Rosalie, menuisière stagiaire, se montre parfois maladroite ; elle tire le pan d'une couverture et entraîne l'effondrement d'une partie de la construction. Papa agit en chef de chantier et évite la dispute en négociant avec l'architecte une collaboration technique. Rosalie est aidée par papa, et bientôt la cabane est réalisée.

Lorsque les enfants atteignent l'âge scolaire, les jeux de règles sont à l'honneur. Le parent facilite alors la compréhension des règles, répartit les tours et soutient l'enfant qui doit affronter serpents ou autres épreuves du jeu.

Jeux de construction, jeux de « faire semblant », activités motrices ou artistiques, l'important, c'est d'avoir du plaisir, c'est le lien entre l'enfant et le parent. N'est-ce pas d'ailleurs une belle occasion pour le parent de s'arrêter, de rire, de se laisser diriger par le maître du jeu qu'est l'enfant ?

Souvenirs d'amour

Les souvenirs que j'ai gardés de la petite enfance de ma fille Émilie sont tissés d'images de jeux : le monstre des becs (course et cachette à l'issue desquelles je lui assénais en riant des bisous claquants sur le ventre), les glissades en hiver, la peinture aux doigts bleue – sa préférée –, la fabrication des anges de Noël en pâte de sel, les interminables sessions d'habillage de poupées, les spectacles avec ses cousines lors des fêtes de famille et tant d'autres. J'y pense, je souris et je me sens remplie d'amour pour elle. N'offrons pas à nos enfants que des jouets ou des vidéos ; ils ont besoin d'affection, d'attention, de paroles qui encouragent, qui stimulent. Être parent, c'est accompagner l'enfant dans sa découverte du monde extérieur et de lui-même. Il a besoin d'être soutenu dans cette exploration des choses inconnues, mais il a aussi besoin de jouer seul, de s'inventer des histoires, de visiter son monde imaginaire.

Et même s'il s'ennuyait un peu, le temps d'un moment de jeu, il aurait l'occasion de se retrouver et de reconnaître ce qui le comble en lui et chez ceux qu'il aime et qui l'aiment. « J'aime tant quand on se berce ensemble, maman », « J'aime tant quand on travaille dehors ensemble, papa… »

Papa n'est jamais là...

▼

Que ce soit parce qu'il ne peut faire autrement ou parce qu'il ne souhaite pas passer plus de temps en famille, le père s'absente et cela a des conséquences importantes sur le développement de l'enfant.

Isabeau demande : « Maman, est-ce que j'en ai un moi, un papa ? » L'enfant de 3 ans n'a pas vu son père depuis trois semaines. Sa mère lui explique tristement que son père travaille loin de la maison.

Les réactions à l'absence

Les enfants d'âge préscolaire ont de la difficulté à demander à leur papa de sortir du travail et de rentrer à la maison. Quand le père n'est pas très présent, certains manifestent leur déception ou leur colère en se montrant intolérants, bagarreurs ou en faisant des bêtises qui pourraient peut-être faire réagir papa. D'autres expriment leur déception dans des dessins ou des peintures : ils représentent leur famille sans père ou avec une mère gigantesque et un père nain. Le père qui a disparu de la vie de l'enfant, soit parce qu'il est trop occupé à travailler, soit parce qu'il est séparé de la mère ou parce qu'il est décédé, demeure présent dans l'imaginaire de l'enfant. Plus l'absence est permanente, plus il est idéalisé.

Je me souviens ainsi d'un garçon dont les désirs les plus fous prenaient forme dans son imaginaire et se traduisait par des fabulations : « Mon papa, c'est le chef. Il décide de la construction de toutes les maisons. Moi aussi, je construis des maisons avec lui. Je les dessine sur des grands papiers, moi aussi. »

Lorsque, année après année, le père n'est pas disponible, l'enfant apprend à ne se fier qu'à sa mère. Il se réfère à celle qui a gagné sa confiance. Il développe un modèle familial où l'équilibre n'est pas respecté. Une seule personne assume jour et nuit la responsabilité de l'éducation. Élever un enfant en couple, c'est déjà difficile ; le faire en étant seule, c'est toute une prouesse !

À quoi ça sert, un père ?

Une mère seule peut choisir un nouveau compagnon, qui deviendra une figure d'attachement et un modèle masculin pour l'enfant. Toutefois, celle dont le conjoint n'assume pas ses responsabilités paternelles finit par ressentir de l'animosité à son égard. L'absence est douloureuse pour tous les membres de la famille, qui ne cessent d'espérer voir cet homme vivre parmi eux. Annie, 5 ans, grandit dans une famille dont le père est absent. Sa mère, déçue d'assumer seule les responsabilités parentales, en veut à son conjoint. Lorsque Annie lui dit qu'elle voudrait avoir une petite sœur, elle lui dit que c'est impossible, puisque le père, son conjoint, ne peut plus faire de bébé. La fillette lui propose alors une solution : « Tu n'as qu'à trouver un autre papa ! »

Bien plus que d'être un simple géniteur, le père joue un rôle capital dans le développement de l'enfant. Dans le ventre, le fœtus perçoit déjà la voix grave de son père. Le contact avec le monde extérieur s'établit déjà *in utero* grâce au papa. Les gestes des poupons indiquent que cet attachement est aussi important que celui qui est ressenti pour la mère. En prodiguant les soins au bébé, le père crée un lien d'amour essentiel à l'édification d'une bonne estime de soi.

Le pédiatre Aldo Naouri parle de la présence du père comme d'un «dû» à l'enfant. Par sa présence, le père permet au garçonnet ou à la fillette de s'individualiser. Il l'aide à trouver sa propre place en créant une distance avec la mère, facilitant ainsi le processus de séparation nécessaire à la construction de sa propre identité.

L'enfant a deux idoles : son père et sa mère. Il a besoin de ces deux modèles pour construire son identité. Le père procure au petit garçon le modèle masculin à imiter et représente, pour une petite fille, celui à séduire, en ressemblant à maman.

Papa fantôme

Il y a le papa fantôme malgré lui et celui qui choisit d'être invisible. Le fantôme malgré lui est celui qui ne peut pas être présent, car son travail exige à l'occasion des déplacements ou des journées de travail prolongées. Son rôle de père lui manque. Il anticipe avec bonheur les moments de rapprochements familiaux. Ce genre de père profite avec plaisir des jeux avec ses enfants et planifie des projets en famille. En revanche, il existe aussi des pères occupés qui acceptent d'avoir une surdose de travail. Ce genre de père oublie son rôle paternel pour être reconnu professionnellement. Peut-être y arrivera-t-il mais comment sera-t-il reconnu par son fils ou sa fille ? Fera-t-il partie des souvenirs qui se tissent dans la mémoire de son enfant ?

La douleur de l'absence

La douleur de l'absence se mesure à la qualité du lien. Elle se vit à chaque séparation et se guérit à toutes les retrouvailles. Mais certaines blessures cicatrisent difficilement : les blessures faites d'indifférence, de présence fantôme, alors que le cœur du père n'est présent qu'à lui-même et que l'enfant, assoiffé d'amour, attend son dû, espérant être reconnu comme une personne spéciale par son père. Lorsque cette soif d'amour reste inassouvie, l'enfant cherche tout au long de sa vie à combler ce besoin en créant parfois des liens nuisibles.

Être présent comme mère ou comme père, c'est donner aux enfants la chance d'être deux fois plus aimés, deux fois plus amusés, deux fois plus encouragés et soutenus. Deux fois plus heureux.

Voici quelques moyens pour chasser le fantôme et rapprocher le père de son enfant :

- Si vous devez vous éloigner de la maison pour le travail, téléphonez à votre enfant.

- Parlez-lui des moments où vous avez pensé à lui. Informez-vous du déroulement de sa journée. Si vous séjournez à l'hôtel et que le temps vous le permet, racontez-lui une courte histoire.

- Déposez de petits messages sous son oreiller : un gros cœur découpé ou des « X » en guise de baisers peut réchauffer le cœur de l'esseulé.

- Utilisez le courriel et envoyez-lui un petit mot. Vous le faites sûrement pour votre épouse ; alors quelques phrases de plus…

- Durant les périodes intensives de travail, rassurez votre enfant quant à la nature passagère de vos absences.

- Utilisez un calendrier pour indiquer à votre enfant le nombre de jours d'absence. Vous pouvez cocher les journées et compter le nombre de jours d'attente. Mettez votre photo sur la date du retour.

- Vivez les retrouvailles dans la joie. Prenez le temps de cajoler votre enfant, de jouer avec lui.

- Évitez d'acheter des cadeaux pour les retrouvailles. Le partage du temps exprime davantage votre désir d'être auprès de lui.

- Plutôt que de rester tard au bureau, apportez vos dossiers à la maison. Votre enfant vous sait près de lui et peut profiter de votre présence durant les repas et vos pauses.

- Emmenez votre enfant dans votre milieu de travail. Expliquez-lui simplement ce que vous faites. Il sera fier de son papa.

LES BOULEVERSEMENTS DU DÉMÉNAGEMENT

▼

Si le déménagement, du point de vue des parents, apporte généralement une amélioration des conditions de vie, aux yeux des enfants, il comporte une grande part d'inconnu et peut être une source de stress.

Macha, 4 ans, dessine un bâtiment de trois étages. Elle met du jaune dans les deux fenêtres du haut et trace un chemin fleuri. Sa maman l'interroge : « Dis, Macha, c'est ta nouvelle maison que tu dessines ? » Macha fronce les sourcils et répond : « Non, ça, c'est ma vraie maison ! »

Besoin d'être rassuré

Tout changement important dans la vie d'un petit enfant peut l'insécuriser. Le déménagement génère du stress. L'enfant est bouleversé par ce déplacement, car ses repères spatiaux ne sont plus les mêmes. Ce passage d'un lieu de vie à un autre représente aussi des ruptures.

Il peut signifier pour l'enfant se séparer d'un mode de vie, de ses amis, de son milieu de garde, de sa parenté et d'une part de soi liée aux souvenirs de ce premier nid.

La maman de Macha est très étonnée de la réaction de sa fille. À ses yeux, le passage d'un appartement à une maison améliorera la qualité de vie de toute la famille. « Il y aura un si joli parc près de chez nous, dit-elle à sa fille. Tu auras ta chambre, ta sœur aura la sienne, et vous aurez une belle salle de jeu. » Mais Macha aime bien le bruit de la vie familiale, l'intimité avec sa sœur et leurs jeux sur le tapis du salon, ainsi que la présence de ses parents qui discutent près d'elles. Dans la nouvelle maison, rien ne sera plus pareil, ce sera chacun pour soi, pense-t-elle.

Si le changement de lieu de résidence est associé à une séparation du couple ou encore à une perte d'emploi, l'enfant aura encore plus de difficulté à s'adapter à cette période transitoire. En effet, les parents sont envahis par les émotions en raison de l'éclatement de la famille et doivent de surcroît affronter la corvée du déménagement. Difficile pour eux d'être disponibles, alors que leur enfant peut se montrer plus dépendant en raison de son insécurité. Dans ce contexte, le déménagement engendre peu de plaisir.

Lorsque le changement survient à la suite d'une naissance, l'enfant risque de préférer la première maison où la famille ne vivait qu'à trois. Il doit faire le deuil du temps où il était l'enfant unique pour s'approprier peu à peu sa nouvelle identité d'aîné.

Faciliter l'adaptation

Les bébés sont comme des éponges qui absorbent les émotions exprimées par leurs parents. Ils sont particulièrement sensibles à leur stress. Une visite chez les grands-parents durant les grandes manœuvres du déménagement ou encore une journée à la garderie familiale peut contribuer à rendre le climat plus paisible. Le bébé a besoin de repères sécurisants pour s'adapter à sa nouvelle maison. La voix de ses parents, le tic-tac de l'horloge, les odeurs de lavande voyageant d'une maison à l'autre, la douceur de son toutou préféré, l'accès sans restriction à la suce ou à sa couverture l'aideront à se réconforter. La routine des soins doit être maintenue, car elle permet au bébé de se sentir en sécurité auprès d'adultes fiables, qui répondent bien à ses besoins.

Le trottineur de 18 mois à 3 ans éprouve avant tout le besoin d'explorer chaque nouvel environnement. Dans le nouveau logement, il doit pouvoir retrouver facilement ses jouets, sa couverture, son lit. Il désire fouiner et devenir maître des lieux en reconnaissant les endroits importants pour sa survie : la salle de bain, sa chambre et la cuisine. Ce nouveau territoire se présente comme une grande salle de jeu où il peut ramper, grimper, ouvrir et fermer toutes sortes de portes, sentir et goûter. Il faut donc assurer la sécurité physique de l'enfant avant de lui donner accès à ce laboratoire tout neuf.

Quant à l'enfant de 3 à 6 ans, il aime participer au déménagement, bien qu'il souhaite lui aussi retrouver ses repères. À cet âge, il veut prendre des initiatives et est capable de transporter des objets incassables, de ranger des serviettes dans des boîtes ou de donner son opinion sur la couleur de la peinture dans sa chambre.

Déménager pour mieux aménager

Finalement, si on l'aide à s'y adapter progressivement, l'enfant découvre que malgré le déménagement, le monde ne s'est pas effondré. Il demeure le même dans la même famille fiable et aimante. En définitive, le changement de lieu lui permet de cultiver ses souvenirs. Ceux-ci nourriront les racines du passé et faciliteront son adaptation lors d'un autre passage de sa vie.

Voyons maintenant comment on peut faciliter l'adaptation de son enfant à son nouvel environnement.

- Expliquez-lui les raisons du déménagement.

- Maintenez les rituels du dodo et du bain ainsi que l'heure des repas.

- Aidez-le à s'enraciner dans ce lieu étranger en favorisant le contact avec les enfants du voisinage. Faites des promenades dans les rues du quartier, présentez-vous et présentez-le à vos voisins, et amenez-le au parc.

- Aménagez sa chambre de telle sorte qu'il puisse retrouver les objets familiers qui le sécurisent à la période du dodo. Le poupon pourra ainsi voir son mobile suspendu au même coin de son lit, entendre la mélodie qui l'endormait auparavant et sentir l'odeur particulière de sa douillette.

- Prenez des photographies de votre première résidence. Ainsi, vous pourrez regarder avec lui l'endroit où il a commencé à grandir.

- Laissez-le libre d'apporter ses toutous, ses jouets de bébé, ses poupées, ses images. Ces objets représentent son imaginaire et son univers de la petite enfance.

Mamie vieillit

▼

Que se passe-t-il quand Mamie vieillit ? Et comment les enfants réagissent-ils devant les changements que l'âge apporte chez les adultes qui les entourent ?

La mamie qui cuisinait des biscuits de pain d'épices, celle qui n'hésitait pas à sortir des douillettes, des draps, des coussins pour construire une cabane dans le salon, cette mamie-là n'existe plus. Son regard bienveillant est toujours là, peut-être un peu plus triste mais toujours aussi tendre. Elle se déplace peu, ses gestes ont ralenti. Quelquefois, elle semble perdue dans un passé si lointain que les gens du présent deviennent des étrangers ou des fantômes de son enfance. Parfois, les idées dans sa tête s'étiolent comme des morceaux de casse-tête épars difficiles à rassembler. Mamie vieillit.

Le temps qui passe

Pour l'enfant, le temps qui passe permet la croissance, l'épanouissement. En vieillissant, il acquiert des compétences, des habiletés, il grandit. Son mode de pensée ne lui donne pas accès au temps mesuré en année. Il a une perception très égocentrique et subjective du temps. Pour lui, la durée s'évalue selon le plaisir vécu lors d'une activité.

L'enfant se représentera peu à peu le temps dans les situations où il y a une régularité des séquences d'action, dans la routine du dodo par exemple. Il est donc difficile pour un petit de comprendre le processus du vieillissement qui s'inscrit dans la décroissance de certaines fonctions. Pour lui, le continuum du temps est positif, il apporte la croissance. Le contact avec les grands-parents procure à l'enfant l'occasion d'observer que le temps est aussi un facteur de diminution de force et de résistance physique. Il observe les signes de vieillissement sans les comprendre nécessairement. Il a besoin de l'adulte pour expliquer ce qu'il voit. La petite Simone s'est montrée très inquiète à la vue des bobos de sa mamie dans le visage. On a dû lui expliquer qu'il s'agissait de rides, des plis de joie qui ne font pas mal à la peau.

La difficulté d'en parler

Pour ma part, je me suis longtemps demandée si je devais amener ma fille Émilie visiter ma grand-mère adorée atteinte de la maladie d'Alzheimer. Devais-je lui épargner cette triste réalité ou l'inclure dans ce rituel de soutien aux aînés? Les adultes écartent souvent les enfants de ces situations afin de préserver leur innocence et de leur éviter la peine de voir les grands-parents ou arrière-grands-parents diminués.

Mais il s'agit d'une douce illusion. On ne peut aseptiser ces situations et changer la vie au regard de l'enfant sous prétexte que l'enfant doit être heureux en tout temps. L'enfant possède déjà en lui un savoir intuitif de la question puisqu'il a ressenti la peine des proches et qu'il a entendu des brides de conversation.

Il y a aussi, derrière la crainte de faire face à la fragilité et à la maladie de nos parents ou de nos grands-parents, notre refus du vieillissement. Les signes de vieillissement de nos proches nous rappellent notre propre réalité d'adulte vieillissant. Il y a bien sûr la difficulté à reconnaître dans ce corps fatigué de nos parents l'image d'avant, mais il y a aussi le deuil de l'enfant en nous puisque maintenant nous devons être le protecteur, celui qui prend soin. Nous avons parfois des hésitations à confronter l'enfant à la fragilité de sa mamie et aussi beaucoup de pudeur à lui exposer notre propre tristesse.

Témoin du passé, artisan du présent

Nos aînés racontent à nos petits comment étaient leur maman et leur papa quand ils étaient enfants, dans un monde où l'ordinateur n'existait pas. Ils témoignent du passé, de l'identité de cette famille[1]. Ma grand-mère Elzir nous parlait de sa Gaspésie natale où les plus démunis étaient les bienvenus. Mamie Margot, ma mère, nous raconte encore les tablées du dimanche chez les Poirier où les pauvres du voisinage étaient conviés. Ces valeurs de générosité, de partage, d'ouverture à la différence, d'entraide sont encore vivantes aujourd'hui dans ma famille. Les gestes ont leur histoire et celle-ci perpétue les gestes. Je suis persuadée que les visites que j'ai faites avec ma fille à ma grand-mère Elzir ont enraciné en elle des valeurs humanistes. Ma fille a été témoin des gestes qui expriment l'attention à l'autre : de la coupe de fraises fraîches apportée au centre d'hébergement aux petits massages, des chants fredonnés ensemble à la simple présence silencieuse, elle a vu que l'amour que l'on porte à quelqu'un est profond et se maintient dans le temps. Il est rassurant pour un enfant de constater que les membres d'une famille peuvent compter les uns sur les autres.

La place de l'enfant

Les enfants établissent facilement le contact avec les personnes âgées même celles qui sont malades. Ils n'ont pas encore conscience de l'irréversibilité de la mort. Par contre, ils peuvent

---

1. FERLAND, F. *Grands-parents aujourd'hui. Plaisirs et pièges*. Montréal : Éditions du CHU Sainte-Justine, 2002.

ressentir les angoisses des adultes. Il est donc important de mettre des mots sur ce qu'ils ressentent face à leurs parents peinés par la maladie de leurs propres parents. « Je suis triste de voir ma mère malade. Je m'ennuie du temps où nous étions capables de faire des choses ensemble. Mais même si mamie est fatiguée, elle sait qu'il y a des gens autour d'elle pour la visiter et l'aimer. » Parlez des moments vécus ensemble et rassurez votre enfant. Vos pleurs ou la fatigue de mamie ne sont pas de leur faute. La pensée égocentrique de l'enfant le pousse à penser que c'est parce qu'il a fait des bêtises que mamie ne joue pas avec lui. Il peut être en colère contre cette mamie qui ne veut plus jouer alors qu'elle débordait d'énergie auparavant. Il faut alors le rassurer sur l'amour de mamie qui l'aime différemment.

Si vous allez visiter Mamie à l'hôpital, dans un centre d'hébergement ou de soins prolongés, décrivez à l'enfant ce qu'il y verra, tant les lieux que l'état de sa grand-mère (appareillage, chaise roulante…). Les visites doivent être de courte durée et ponctuées de promenades à la salle de bain, dans les couloirs ou dans les autres aires communes. Félicitez les gestes doux, les beaux bonjours. Invitez votre enfant à faire des dessins pour Mamie, à y raconter ses projets, ses joies.

Votre attitude sera garante du déroulement de la visite. Si vous êtes calme, restez sensible aux réactions de votre enfant, répondez à ses questions sans les devancer, il profitera de cette occasion pour apprendre la générosité et la sensibilité à l'autre, le vrai sens de l'amour. Faites confiance à cette intimité toute naturelle qui s'installe entre ces deux êtres que vous aimez, l'un qui est à l'aube de la vie et l'autre à son zénith, tous deux unis pas vos gestes de tendresse.

LE PETIT NOUS DIT QUI IL EST

La bouderie des petits

▼

Certains enfants sont enclins à bouder à la moindre contrariété. Ce comportement ne devrait pas être encouragé.

Édouard, 3 ans, boude lorsqu'il est contrarié. Ainsi, en ce moment, il s'installe dans un coin, regarde sa maman, fronce les sourcils en baissant la tête et refuse toute collaboration. Cette bouderie attriste sa mère parce qu'elle dure parfois tout l'avant-midi. Édouard refuse toutes les activités et se prive des plaisirs du jeu. L'humour, les discussions et même les propositions d'activités qui lui plaisent particulièrement n'y font rien. Il boude aussi à la garderie. Pourtant, c'est un enfant qui sait s'exprimer : il le fait très bien avec ses amis.

Bouder pour punir

Bouder, c'est se détourner de l'autre en adoptant une attitude maussade et butée. Bouder, c'est signifier son mécontentement par des silences, des bris de communication. C'est s'obstiner à rester fâché pour punir celui qui nous a mis en colère. En se coupant de la relation, le bouder délaisse l'autre, l'abandonne à sa culpabilité. «Il a l'air si malheureux, seul dans son coin et silencieux», se dit celui qui pense avoir provoqué la fâcherie. Bouder, c'est choisir le silence alors qu'on peut exprimer sa frustration par des mots.

Celui qui boude connaît les enjeux de son choix. Il sait que la coupure relationnelle qu'il impose à l'adulte touchera ce dernier. Ainsi, Édouard a décodé la vulnérabilité de sa maman qui supporte mal d'être mise à distance. Tous les parents souhaitent voir leurs enfants heureux, épanouis et souriants. Il leur est donc difficile de supporter ces scènes où leur enfant semble si malheureux avec sa mine renfrognée. Ils peuvent même se sentir coupables face à leur enfant qui semble souffrir. Mais la vie de famille ressemble à la vie en société : elle est ponctuée de conflits liés au respect des limites de chacun.

Bouderie en trois actes

L'enfant boude parce qu'il est vexé après avoir essuyé une moquerie ou parce qu'il vit une frustration. Il fait subir son humeur à celui qui a provoqué sa colère. Il a peut-être appris cette tactique en observant des adultes qui ne s'adressent plus la parole après une dispute ou encore d'un autre enfant qui sait utiliser la bouderie pour manipuler l'adulte. Il a d'abord imité la moue, le regard sévère, les bras croisés et les grognements, puis il a constaté que l'adulte réagissait. La magie opérait : l'adulte tentait de lui faire retrouver son entrain, lui parlait, négociait, s'attardait avec lui et, parfois, cédait à son désir.

Voici quelques stratégies pour aider les petits boudeurs comme Édouard à apprendre à tolérer une frustration et à exprimer verbalement leur colère.

- Émettez des consignes claires, stables et concrètes. Expliquez à votre enfant le bien-fondé de vos demandes. Repoussez les doutes qui vous habitent lorsqu'il boude en vous recentrant sur les raisons légitimes qui motivent votre demande ou votre interdit.

- Verbalisez ce qu'il ressent : « Je pense que tu es en colère parce que je t'ai dit non. Tu peux me le dire : je suis fâché parce que je voulais… »

- Expliquez-lui les conséquences de son choix. « Tu choisis de rester seul. Tu boudes. Tu ne joues pas. C'est dommage, tu manques le plaisir de t'amuser. C'est ton choix, ce n'est pas moi qui t'ai demandé d'aller au coin. »

- Laissez-le décider du moment du retour à la communication. « Quand tu auras le goût de venir jouer, tu viendras. Je suis là pour toi si tu as besoin de jouets, d'aide ou de compagnie. » L'enfant sera alors face à son propre besoin d'interactions et d'amour.

- Accueillez-le à son retour sans revenir sur la situation conflictuelle.

- Félicitez-le lorsqu'il exprime verbalement ce qu'il veut ou ce qu'il ressent.

- Faites confiance au pouvoir extraordinaire de votre relation avec votre enfant. Édouard tient à cette relation. Il choisira donc des moyens pour l'entretenir.

- L'essentiel est de ne pas donner de pouvoir à la bouderie. Le petit boudeur tente de vous contrôler de façon plus ou moins consciente.

Les boudeurs sont conscients de la vulnérabilité de l'autre et utilisent le silence obstiné pour le punir de l'affront qu'ils ont ressenti. Ils le mettent « en pénitence » en coupant le lien. Apprenons à nos enfants à dire ce qui les mécontente. La parole est plus évoluée, plus relationnelle que la bouderie, qui s'exerce sans langage par un comportement passif agressif. L'agressivité a différents visages. Désirer faire souffrir l'autre en se détournant de lui en silence est une facette de cette agressivité qu'il ne faut pas ignorer.

Elle a horreur de se salir!

▼

La plupart des enfants semblent prendre un malin plaisir à se barbouiller de peinture ou à jouer dans la boue… Alors, pourquoi certains ont-ils peur de se salir?

Brigitte, une éducatrice, a organisé une activité de peinture à la gelée aux fruits pour son groupe. Avec grand plaisir, les petits goûtent la gelée, la sentent, s'en enduisent les mains, en explorent la texture granuleuse et collante. Les grands tracent du doigt des chemins et des spirales rouges sur le papier glacé.

Mais Anissa refuse de participer. «Non, c'est sale», dit-elle. Son éducatrice n'est pas très étonnée de sa réaction, car les jeux de sable et le bac de riz rebutent aussi la petite fille.

Pourquoi ont-ils peur?

Si Anissa agit ainsi, c'est parce qu'elle a intériorisé des interdits parentaux. À force d'entendre sa maman lui dire: «Attention tu vas te salir!», elle a fait sienne la crainte de cette dernière. Elle a ainsi appris à craindre la saleté et les microbes, ces petites choses invisibles et maléfiques qui entraînent des maladies.

Dans les garderies, on utilise parfois un savon spécial qui, dans l'obscurité, fait apparaître en rouge les saletés demeurées sur la peau, même après que les enfants se soient savonnés les mains. Cette magie en impressionne plus d'un dans le groupe de Brigitte: les enfants s'amusent à observer leurs mains pendant que les marques rouges disparaissent au lavage. Mais Anissa est effrayée. Elle regarde les lignes rouges sur ses mains: ce sont là les ennemis qu'il faut détruire pour rester en santé. Toutefois, même quand elles sont toutes parties, Anissa continue de chercher les saletés sur ses mains.

Nous voulons tous parer aux dangers qui guettent nos enfants. Cependant, lorsque l'anxiété nous habite, notre désir de prévention engendre des peurs. L'enfant surprotégé se retrouve seul et démuni devant les dangers extérieurs.

Lydia se balade dans la cour extérieure en observant les enfants qui courent, grimpent, jouent dans le sable et collectionnent les petites roches. Elle ne veut pas s'asseoir sur le banc du carré de sable ni glisser sur le module de crainte de souiller ses vêtements et ses mains : «Maman ne veut pas que je me salisse.» Dans son cas, c'est l'éthique du paraître qui brime son désir d'explorer avec les autres enfants.

Caleb regarde une araignée qui a emprisonné un insecte dans sa toile. L'insecte se tortille. Caleb pense que la vilaine araignée est méchante, qu'elle fait du mal à l'insecte. Il s'exclame : «Ah, c'est laid, c'est caca!» Il qualifie le geste nuisible de «caca». Un enfant tente d'attraper l'araignée. Il s'indigne de nouveau : «Touche pas, c'est caca!» En réalité, Caleb ne trouve pas la chose sale. Mais lorsque les adultes utilisent des mots comme «sale» ou «caca» pour réprimer ou condamner un geste, cela amène une confusion de sens. Cette déformation de sens s'installe parfois lors de la période d'entraînement à la propreté. On félicite l'enfant lorsqu'il fait ses besoins dans le petit pot : «Bravo, Caleb, c'est bien, tu es propre!» Il est toutefois réprimandé lorsqu'il se souille : «Vilain garçon, qu'est-ce que tu as fait là? Tu es sale, c'est caca.» D'ailleurs, ne dit-on pas «devenir propre» plutôt que «devenir continent»?

Se salir pour apprendre

Lorsqu'il se livre à des activités salissantes, l'enfant fait des apprentissages. En effet, derrière le château de sable à bâtir, il y a un monde de découvertes ! L'enfant doit se représenter un objet à trois dimensions, le localiser dans l'espace, évaluer les dimensions qu'il aura et la quantité de sable nécessaire à son édification ; il peut aussi le classer selon ses caractéristiques, sa hauteur, ses pignons. De plus, l'enfant a l'occasion de raffiner ses gestes, de bouger sans se déplacer, de se concentrer et de laisser libre cours à son imagination.

Sur le plan sensoriel, cette activité lui permet d'explorer le sec, le mouillé, la matière compactée ou friable du château qui se dresse fièrement et de celui qui s'effondre par manque d'humidité. Il ressent le pur plaisir du chatouillement lorsque les grains de sable glissent entre ses doigts ou un picotement lorsqu'ils se retrouvent dans ses yeux. De plus, cette activité peut donner à l'enfant l'occasion de construire quelque chose avec un ami, tous deux l'un à côté de l'autre, et de partager l'espace, les objets et les idées.

Enfin, ces jeux salissants constituent aussi un bon moment pour exercer les enfants à se laver les mains et leur jolie frimousse. De plus, lorsqu'on les incite à se secouer les pieds pour enlever le sable collé à leurs chaussures et ainsi garder la maison propre, on leur apprend à respecter les personnes et les choses.

Rituel ou obsession ?

Certains enfants adoptent des rituels de propreté pour se rassurer. Il y a celui du coucher, par exemple, qui aide l'enfant à se séparer de sa mère, de ses parents, pour la nuit. Ou celui du lavage de mains avant de manger. « Parce qu'il le faut », dira l'enfant en regardant fièrement sa maman. En suivant ce rituel, l'enfant s'assure de l'approbation de sa mère ou de son père.

Les parents n'ont pas à s'inquiéter. Il ne s'agit pas de troubles anxieux mais bien de conduites rituelles, sans obsessions récurrentes ralentissant l'enfant. Toutefois, si la peur de la saleté ne disparaît pas, même en l'absence de saleté, si l'enfant vit un désarroi ou ressent une tension qui le gêne dans la vie courante, il est nécessaire de consulter.

Voici quelques conseils pour que votre petit profite bien de ses explorations salissantes.

- Prévoyez des vêtements confortables et faciles d'entretien pour vos enfants. Ceux-ci pourront ainsi jouer librement.

- Instaurez le rituel du lavage des mains dans le plaisir. Si vous donnez l'exemple, vous deviendrez complice de cette magie qui efface les saletés, rafraîchit et parfume : « Frotte, frotte, frotte, frottez, frottez, frottons. »

- Offrez à votre enfant des occasions de découverte sensorielle de la matière en aménageant l'environnement pour limiter les dégâts. Manipulation de riz ou de lentilles dans des bacs en plastique, jeux d'eau dans la baignoire, utilisation d'un carré de sable muni d'un couvercle pour éviter la visite des chats du voisinage, participation à la préparation des repas, voilà autant d'occasions de se salir ou de s'arroser sans faire de la maison une zone sinistrée.

- Intéressez-vous aux découvertes de votre enfant. En observant ce qu'il fait, vous verrez le monde à travers ses yeux et comprendrez ce qu'il y a de fascinant dans les activités salissantes : un monde de découvertes, un univers de sensations, un océan de plaisirs.

Pour en savoir plus

Copper-Royer, Béatrice. *Peur du loup, peur de tout – Peurs, angoisses, phobies chez l'enfant et l'adolescent.* Paris : Albin Michel, 2003.

Baron, Chantal. *Les troubles anxieux expliqués aux parents.* Montréal : Éditions de l'Hôpital Sainte-Justine, 2001.

Méchant tempérament ou sale caractère ?

▼

Dès la naissance, certains enfants affichent un tempérament plus difficile que d'autres. Toutefois, on peut agir pour que cela ne se transforme pas en sale caractère !

Madeleine, 5 ans, crie, argumente, brave son père qui hausse le ton. Elle veut avoir le dernier mot ; elle multiplie les vociférations, tourne le dos, claque la porte, la tête haute. Sa mère sourit. Elle admire la détermination et la force de caractère de sa fille : « Elle a toute une personnalité, elle ne se laisse pas marcher sur les pieds. Elle ira loin. » Mais n'oublie-t-elle pas les gardiennes qui se succèdent, épuisées par les demandes incessantes de Madeleine, la parenté et les amis qui, exaspérés, écourtent leur visite, les observations de l'éducatrice à la garderie ? Lorsqu'on restreint les sorties par crainte de subir les foudres de son enfant, ce n'est pas parce que ce dernier a une forte personnalité, mais bien parce qu'il a un sale caractère qui s'est forgé au jour le jour à cause d'un manque de discipline et de limites.

Entre 18 mois et 2 ans, l'enfant apprend à dire « non », et il observe la réaction de l'autre. Plus l'adulte réagit vivement, plus l'enfant constate qu'il existe, qu'il a une volonté propre. Puis, vers 3-4 ans, il passe du « non » systématique et provocateur au « non » réfléchi, soit celui du choix. Il communique ce qu'il veut, ce qu'il est. À moins qu'il ne reproduise des comportements qu'il a observés ou qu'il ait un tempérament difficile, le grand de 4-5 ans qui comme Madeleine s'impose en hurlant exprime son besoin d'être arrêté, d'apprendre à vivre avec certaines limites et à les tolérer.

Différents dès la naissance

Je me revois admirant trois petites frimousses à travers la vitre des incubateurs : Camille, Ariane et Gabriel, les triplés de mon amie Sylvie. Camille, l'aînée, surnommée la « starlette » à cause des pauses qu'elle prenait, dormait calmement. Ariane, la « gripette », bougeait beaucoup, arrachait les fils des moniteurs. Né le dernier, Gabriel, le « ti-loup », était patient, immobile malgré les soins intensifs qu'il devait subir durant toute une semaine.

Dès la naissance, on observe des différences individuelles. À la pouponnière, certains enfants pleurent beaucoup, d'autres, les yeux ouverts, captent la nouveauté avec curiosité. Ces réactions typiques forment ce qu'on appelle le tempérament, qui influe sur les modes d'interaction de l'individu avec son environnement.

Les recherches démontrent que la façon dont les mères perçoivent le tempérament de leur enfant ne change pas beaucoup avec le temps. Ainsi, selon Sylvie, la mère des triplés, les traits de tempérament de ses enfants, qui ont maintenant atteint l'adolescence, sont toujours les mêmes. Camille est la modératrice de la famille, celle qui cherche à maintenir la paix, le calme. L'intense et parfois rebelle Ariane demeure toujours la fonceuse du groupe. D'enfant facile qu'il était, Gabriel est quant à lui devenu un adolescent protecteur, de bonne humeur, qui se conforme facilement aux règles. Tous trois font preuve d'empathie et de sensibilité, et cherchent toujours à savoir ce qu'il advient des deux autres lorsqu'ils sont séparés.

Facile ou difficile

« Je suis si épuisée, soupire Julie, maman depuis peu. Alex est un enfant difficile. Il nous envahit. Non seulement il pleure le jour jusqu'à ce qu'on le prenne dans nos bras, mais en plus il ne dort pas la nuit. » Plusieurs parents vivent ce sentiment d'ambivalence, ballottés entre le bonheur d'être parents et le désir d'avoir du temps pour eux. On se sent parfois happé par les besoins de nos enfants. L'agitation du petit, ou au contraire sa lenteur, exacerbe chez certains le sentiment d'être à court de temps, et toujours sur son dos. La façon dont les parents évaluent le tempérament de leur enfant varie selon plusieurs facteurs : le temps passé avec l'enfant, le plaisir ressenti en sa présence, la difficulté à concilier le travail et la famille, le niveau de stress, etc.

Des chercheurs[1] ont analysé les caractéristiques du tempérament selon neuf dimensions : le niveau d'activité, la régularité biologique, l'adaptabilité, la réaction à la nouveauté, l'intensité de la réaction, la qualité de l'humeur, la propension à la distraction, la capacité d'attention, la sensibilisation aux stimuli extérieurs et la persistance. Trois types se dégagent de cette analyse : l'enfant facile, l'enfant difficile et l'enfant lent. L'enfant facile dort bien et mange à des heures régulières. Il s'adapte bien au changement et est en général de bonne humeur. L'enfant difficile a besoin de plus de temps pour acquérir des habitudes alimentaires et de sommeil normales. Il pleure très fort face à la nouveauté et est d'humeur irritable. L'enfant lent manifeste peu de réactions fortes, mais réagit mieux à la nouveauté.

Les enfants au tempérament difficile nous forcent à nous ajuster à eux. Ils n'ont pas nécessairement des problèmes de comportement, mais ils expriment à travers leurs pleurs leur vulnérabilité ; leur grande sensibilité aux événements nouveaux. Si l'enfant difficile est entouré d'amour, si ses parents savent le rassurer, il acquerra peu à peu des mécanismes adaptatifs susceptibles de lui procurer un sentiment de maîtrise par rapport aux événements stressants de sa vie. Quant à l'enfant lent, son

---

1. CHESS, S. et A. THOMAS. *Annual Progress in Child Psychiatry and Child Development.* New York : Brunner-Mazel, 1978. p. 229.

inertie n'est pas une façon de s'opposer, mais plutôt son rythme propre, sa façon à lui de réagir à son environnement. Le parent doit respecter ce rythme. Il ne doit surtout pas tenter de faire les choses à la place de l'enfant : cela renforcerait sa dépendance à l'adulte.

L'enfant endosse le rôle que les adultes lui donnent. À force d'entendre dire qu'il a tout un caractère ou qu'il sait ce qu'il veut, l'enfant terrible défendra cette identité et poursuivra sa carrière d'ogre tyrannique qui dévore tous ceux qui se risquent à entrer en relation avec lui.

Se débarrasser de la culpabilité

Comme parent, j'ai déjà douté de mes compétences. Les pleurs d'Émilie ou son agitation me culpabilisaient parfois. Certains de mes proches me disaient : « Ouf, comment fais-tu ? Elle n'arrête jamais ! » Alors, les doutes m'envahissaient : « Elle doit ressentir ma nervosité », « Je n'aurais pas dû lui donner du dessert » ou « Je ne lui mets pas assez de limites. »

Or, dans la relation parent-enfant, il y a le parent, porteur de son histoire et préoccupé par son quotidien, il y a l'enfant, avec son tempérament, et il y a la relation, c'est-à-dire les ajustements que les « partenaires » font au fil des interactions. Il est vrai que le degré de sociabilité et le niveau d'activité demeurent assez stables durant l'enfance. Plus l'enfant est jeune, plus son tempérament est malléable. Reconnaissons comme parent notre rôle de guide et répondons aux besoins de nos petits. Mais reconnaissons aussi que chaque enfant est unique et que les habiletés d'éducation mises à contribution pour un enfant peuvent ne pas convenir à l'autre. Notre premier devoir est donc de découvrir qui est ce petit être devant nous, avec ses propres caractéristiques et ses défis relationnels particuliers.

À MOI! À MOI!

▼

Près de 70 % des altercations observées chez les petits relèvent des conflits de possession. Ils ont une propension à convoiter et à capturer le jouet de l'autre. Il leur est difficile de partager et de demander pour obtenir un jouet.

Deux jouets identiques traînent sur une table, délaissés par les enfants. Samuel en prend un et l'agite. Le bâton de pluie émet de doux sons lorsque son contenu se déplace au gré des mouvements de l'enfant. Madeleine accourt et agrippe le jouet de Samuel. Une dispute éclate. L'éducatrice offre à la fillette l'autre bâton de pluie et lui explique que celui-là est dans les mains de Samuel et est donc le sien. Rien n'y fait. Madeleine s'intéresse à celui de Samuel. Comment expliquer cette attirance pour les jouets des autres enfants ?

Avant 2 ans

Le petit explorateur pense que tout ce qui est à sa portée est à lui. Ses nouvelles aptitudes motrices lui permettent de marcher, de courir, d'agripper, d'empiler, de coordonner ses mouvements avec plus de précision. Il s'exerce à temps plein. Les objets disponibles deviennent sources de découvertes sensorielles et de pratiques motrices. Dans son univers, tout ce qui bouge est vivant. Le bâton de pluie inerte sur la table n'attire pas Madeleine mais celui agité par Samuel acquiert subitement des caractéristiques sensorielles irrésistibles. Il devient musical, vivant et surtout il réagit lorsqu'on le manipule.

Les petits trottineurs touchent à tout et observent comment les objets, les gens et tout ce qui les entoure réagissent à leurs expériences. Parfois un geste fait crier, un autre fait tomber, un autre engendre un « non » ferme. Ils découvrent ainsi le phénomène d'action-réaction. En jouant avec le bâton de pluie, Samuel constate les effets de ses gestes. Quant à Madeleine, elle veut elle aussi devenir la magicienne de ce bâton de pluie qui chante. Les interventions répétées de son éducatrice l'amèneront progressivement à faire un autre lien : lorsque je prends le jouet dans la main d'un autre, mon éducatrice dit non. Elle me fait des gros yeux et je n'aime pas ça.

À 2 ans

D'un ton impérieux, bien installé au centre d'une montagne de jouets, Antoine affirme « À moi ! » En pleine quête d'identité, il distingue bien le « moi » du « toi ». Il cherche à prendre sa place au sein de sa famille et de son groupe d'enfants. C'est l'âge de l'affirmation. Il se prend pour le centre de l'univers et il dessine les contours de sa personne. Ce qui lui appartient fait partie de lui. Partager, c'est le départir d'une partie de lui, et dire non au partage c'est s'affirmer auprès de ses petits camarades et manifester son droit au refus. Il est tellement occupé à prendre sa place et à se découvrir qu'il ne se préoccupe pas des autres. Il est foncièrement égocentrique et ne peut même pas imaginer que les autres peuvent désirer la même chose que lui.

Après 2 ans

Le « conservateur » de 2 ans deviendra peu à peu prêteur grâce à son désir de créer et de maintenir des liens positifs avec les pairs. Les interactions positives avec les pairs procurent à l'enfant des satisfactions ludiques et deviennent le principal moteur du développement des habiletés sociales nécessaires au partage. L'adulte a un rôle essentiel à jouer dans l'acquisition de ces habiletés inhérentes à l'adaptation sociale de l'enfant. Il sert d'abord de modèle puis de guide dans la pratique. Voici quelques pistes.

- Il y a des objets réservés à l'usage exclusif de l'enfant. La doudou ne se prête pas. À la maison, certains jouets favoris peuvent être rangés avant l'arrivée des camarades.

- Donnez l'exemple en nommant les gestes de partage que vous faites. Par exemple, le partage d'une pomme à la collation ou le prêt d'un bracelet pour un jeu de déguisement.

- Établissez des règles claires. *Règle 1* – L'objet tenu par un ami n'est pas accessible. S'il est déposé, on peut le prendre. *Règle 2* – On doit demander pour obtenir un jouet.

- Enseignez aux enfants comment faire une demande pour obtenir un jouet. Accompagnez l'enfant et faites la demande avec lui. Il vous observera et reproduira par la suite le modèle que vous avez proposé. Pour les petits, un geste, comme pointer par exemple, peut signifier une demande. On fera par la suite pratiquer l'enfant plus vieux à l'aide d'un modèle concret. «Va lui demander. Peux-tu me prêter le jouet s'il te plaît?»

- Félicitez l'enfant qui réussit à exprimer une demande. Montrez-vous compréhensif lorsqu'il fait face à un refus. «Tu es déçu. Tu as fait une belle demande, mais ton ami n'est pas prêt maintenant à te céder son jouet. C'est difficile d'attendre son tour.»

Le processus d'acquisition des habiletés sociales se fait au rythme propre de chaque enfant. Certains enfants comprendront le principe du partage à 3 ans, d'autres plus tard. C'est en pratiquant et en soulignant les succès des enfants qu'ils se sortiront peu à peu de cet égocentrisme caractéristique de la petite enfance.

LES PEURS

▼

Il y a des enfants qui vivent certaines périodes,
dont celle de l'Halloween, avec angoisse. Jean-
Christophe, 3 ans et demi, craint la présence
de fantômes dans sa chambre, crie et ne veut
pas se coucher. De plus, il dit qu'il ne veut
pas voir la sorcière Sucrerie qui doit venir
visiter les enfants à la garderie.

Les peurs : du gros loup à la petite araignée

On retrouve parmi les peurs[1] de l'enfant de 4 ans la peur des
monstres et des fantômes. On identifie aussi au nombre des
peurs celles des ogres, des sorcières et même de petits animaux
tels la souris, l'araignée et autres insectes. Quant à l'enfant de
3 ans, il a peur des gros animaux (loups, chiens, serpents) et
craint d'être pourchassé, dévoré, mordu. Le grand de 5 ans
manifeste des peurs face à certaines situations : la peur du vide,
celle du dentiste, celle des accidents… Entre 8 et 12 mois, ce
sont les peurs des étrangers, de l'abandon, des bruits, de la nouveauté, de l'obscurité qui dominent. Quant au trottineur de
2 ans, il tremble à l'idée d'être seul dans le noir.

Plusieurs peurs sont apprises et peuvent disparaître d'elles-
mêmes. L'enfant observe les réactions de peur de son parent et
imite les expressions ou les cris de ce dernier lorsqu'il y a du
tonnerre et des éclairs ou lorsqu'une araignée se balance dans
la baignoire ou au plafond.

---

1. MALLET, J. « Contribution à l'étude des phobies ». *Revue française de psycha-
nalyse*. 20 1956 237-293. PELLSER, R. *Manuel de psychopathologie de l'enfant et de
l'adolescent*. Montréal : Gaëtan Morin Éditeur, 1989.

Jean-Christophe, comme tous les enfants de 3 à 6 ans, a une vive imagination. Il ne fait pas toujours la distinction entre la réalité et la fiction. Aussi a-t-il peur d'événements ou de personnages imaginaires. Pour lui, fantômes, sorcières et monstres existent bel et bien et mettent en danger sa sécurité et son intégrité corporelle. Son imagination l'envahit et provoque des poussées d'angoisse. Les scénarios terribles qu'il imagine le terrifient, le font pleurer ou crier.

Petits dormeurs en peur

La nuit est propice aux peurs. Le cauchemar est un rêve terrifiant qui survient vers la fin de la nuit alors que la terreur nocturne réveille l'enfant au début de la nuit. Lorsque l'enfant fait un cauchemar, il s'éveille, il est effrayé et il peut parfois raconter son rêve. Pour sa part, l'enfant perturbé par une terreur nocturne est confus; il a souvent chaud et il se débat. Il est capable de se rendormir rapidement alors que le retour au sommeil de l'enfant qui est effrayé par un cauchemar peut être retardé par la peur qui persiste.

Voici quelques conseils à mettre en pratique pour aider les enfants à affronter et à surmonter leurs peurs:

- Adoptez une attitude calme et affectueuse et vous réussirez ainsi à le rassurer.

- Prenez au sérieux les peurs et parlez-en. Nommez la peur. L'enfant se sentira compris et apprendra à dire ce qu'il ressent. Ridiculiser ou minimiser la peur transmet à l'enfant un message qui contredit ce qu'il ressent. Toute émotion est légitime et doit être bien accueillie.

- Apprenez à l'enfant à exprimer ses peurs en les racontant, en les dessinant, en bricolant, en l'aidant donc à pratiquer un jeu imaginaire dans lequel il devient lui-même brave et courageux.

- Parlez des peurs, les vôtres, de même que de celles illustrées dans les contes ou dans les peintures. Expliquez comment vous avez fait pour dépasser votre peur.

- Apprenez à l'enfant des stratégies pour surmonter ses peurs. Il peut respirer profondément, tenir la main d'un adulte ou aller chercher son toutou.

- Félicitez-le lorsqu'il exprime ce qu'il ressent.

- Préparez-le à affronter les situations nouvelles en annonçant le déroulement de ce qu'il verra ou vivra (une visite chez le dentiste, par exemple).

- Faites des jeux symboliques avec l'enfant. Il devient fort et puissant lorsqu'il revêt le costume du lion. Il devient maître et dompteur de ses peurs.

- Quant aux petits dormeurs en proie aux cauchemars, réduisez les insécurités et faites le test de la réalité. Les peurs ne doivent pas être traitées avec dérision mais explorées. On vérifie sous le lit, on barricade les fenêtres contre les monstres, on visite la garde-robe. On utilise les balais magiques ou les capteurs de rêves. On peut faire dessiner les cauchemars ou faire raconter. L'importance, c'est d'écouter sans juger.

Voici maintenant des pistes d'action plus précises pour rassurer le dormeur perturbé par les terreurs nocturnes.

- Attendez qu'il se rendorme, il est inutile de le réveiller. Le travail sécurisant doit se faire le jour.

- Évitez de lui parler ou de le prendre. L'enfant ne remarque pas la présence de l'adulte et peut même en avoir peur.

- L'agitation ou le stress peut être réduit à l'aide de jeux d'eau ou de sable.

L'acquisition progressive de la pensée concrète, autrefois appelée l'âge de raison, procurera à l'enfant les outils nécessaires pour distinguer la fantaisie et l'imaginaire de la réalité.

L'ENFANT EN COLÈRE

▼

Judith en veut à sa fille de 4 ans, Léonie. Elle s'épuise à tenter d'endiguer le déchaînement de ses colères. Les rages de Léonie prennent de telles proportions qu'elle place toute la maison en otage.

Il y a un an, Judith s'amusait des petits caprices occasionnels de sa fille, mais les explosions se sont multipliées à la moindre contrariété. Léonie se montre difficile à satisfaire, d'humeur maussade. Elle hurle, insulte en dénonçant les règles qu'elle estime «injustes». Judith craint tellement la résurgence d'une crise de rage de sa fille qu'elle évite les sorties en famille. Les colères noires de Léonie ont des répercussions sur toute la famille et l'isole peu à peu des enfants de la garderie auxquels elle profère des menaces qu'elle met parfois à exécution. D'où vient cette colère et comment l'endiguer?

Il n'y a rien de négatif ni de démoniaque à la colère. C'est une émotion légitime, qu'il ne faut pas confondre avec la violence ou la méchanceté. C'est l'expression violente de la colère qui est injustifiable: les hurlements, les insultes, les menaces à l'endroit des autres enfants, les gestes agressifs…

Dès l'âge de 1 an, les bébés sont conscients de la présence de la colère chez une autre personne. Vers 2 ans et demi, les enfants sont peu à peu capables d'expliquer leur colère s'ils sont encouragés à le faire par des adultes: quelqu'un leur a pris leur jouet, ou ils se sont fait agresser physiquement ou insulter par un autre enfant, ou encore ils ont du mal à respecter les limites reliées à la discipline ou ils se sentent rejetés… Certains d'entre eux se rendent compte que leurs crises de colère sont des moyens efficaces pour obtenir ce qu'ils veulent et ils commencent à les utiliser comme forme de manipulation de façon automatique. La colère devient alors la voix du désir, la voix du pouvoir.

Diverses causes

La colère peut aussi exprimer la douleur dans les familles perturbées. L'enfant négligé, incapable de mettre des mots sur sa souffrance, crie alors son impuissance, sa détresse. Ses cris de colère parlent de son besoin d'amour et de soins. Par ailleurs, dans notre société axée sur la performance, les crises de colère des enfants peuvent témoigner du stress des familles qui vivent au rythme des horaires surchargés ainsi que des sautes d'humeur et de l'irascibilité des parents.

Les crises de colère peuvent aussi avoir des causes médicales ou biologiques. Ainsi, les enfants souffrant de problèmes neurologiques ont parfois de la difficulté à se contrôler et les enfants diabétiques voient leur humeur changer selon les fluctuations du taux de sucre dans leur sang.

Toutefois, de nombreux enfants font des crises de colère parce que leurs parents sont trop indulgents : ils confondent la légitimité de l'expression de l'émotion et le défoulement sans mesure. Ils laissent leur enfant entrer dans une colère noire en pensant que cela lui permettra de se défouler et de se détendre. Or, l'enfant reçoit le message qu'il peut s'extérioriser en criant ou en lançant des objets, et il va donc réutiliser cette stratégie. On a souvent pensé que crier ou jurer, faire sortir le trop-plein était un bon moyen de réduire les comportements agressifs, de « laisser la vapeur s'échapper de la bouilloire ». On sait maintenant que cela ne fait qu'accroître la colère chez les personnes impliquées dans le conflit. Elle les entraîne dans une relation de type perdant-gagnant : c'est le plus colérique qui gagne ou on tombe dans le jeu dangereux de la revanche.

Un apprentissage essentiel

L'enfant doit apprendre à gérer sa colère, sinon il deviendra un adulte en colère. Et vous, en tant que parents, vous pouvez l'aider.

Comme l'enfant apprend par imitation, offrez-vous comme modèle. Donnez-vous la permission de ressentir la colère quand vous êtes habitée par elle. Respirez et essayez d'exprimer calmement ce que vous ressentez. Au besoin, retirez-vous dans un lieu que votre enfant connaît bien pour vous calmer.

Par ailleurs, l'enfant a besoin de limites pour se sentir en sécurité. Ses excès de rage terrorisent non seulement l'entourage mais le déstabilisent aussi lui-même ; il éprouve de l'anxiété et a besoin qu'on l'arrête. De façon générale, encouragez votre enfant à exprimer ses émotions, qu'elles soient plaisantes ou non. Quand votre enfant est en colère, autorisez-le à l'exprimer, mais dites-lui clairement vos limites concernant les façons inacceptables de le faire. Enfin, évitez de critiquer votre enfant ou de le punir parce qu'il est en colère. Certains enfants ressentent de la honte lorsqu'ils sont en colère et en viennent à réprimer leur émotion.

L'enfant a besoin de comprendre ce qui lui arrive. Pour l'aider à comprendre les causes de sa colère et à reconnaître les réactions de son corps, vous pouvez identifier avec votre enfant les situations qui génèrent la colère. Aidez-le également à reconnaître les signes de colère : couleur du visage, ton de la voix, contraction musculaire, rythme cardiaque…

Comment l'aider, le soutenir ?

Aidez votre enfant à développer son vocabulaire en variant les termes décrivant l'état émotionnel, soit le niveau de colère. Faites une liste de mots permettant de décrire les niveaux de la colère : en colère, fâché, irrité, ennuyé, dérangé, contrarié, mécontent, « pas content ». Encouragez-le lorsqu'il nomme ce qu'il ressent, lorsqu'il sait attendre ou se retirer. L'attention positive de votre part représente le plus grand incitatif pour lui. Vous pouvez également lire à votre enfant des contes qui abordent la colère[1] et en discuter avec lui.

Quand s'inquiéter ?

Les crises de colère sont normales entre 2 et 4 ans. Si elles persistent après 4-5 ans, et ce en dépit de vos efforts, si elles sont puissantes et nombreuses et sans cause raisonnable, si votre enfant est triste et solitaire, peut-être souffre-t-il d'un trouble émotionnel. Parlez-en à votre médecin, consultez. Il y a des enfants qui se mettent en colère ; on en connaît tous. Il y a aussi des enfants perpétuellement habités par la colère, et dont la colère est si profonde qu'elle mine tout moment de vie, en extirpe la joie. Pour ceux-là, l'écoute de leur détresse est le premier pas ; reconnaître le besoin d'aide professionnelle est la clé de leur bonheur.

Il pique une colère, comment réagir ?

- Restez calme et agissez vite. N'attendez pas d'être à bout, d'entrer vous-même dans une colère noire et de perdre votre sang froid. Parlez d'une voix calme, directe.

- Reconnaissez l'émotion et nommez-la à votre enfant.

---

1. Par exemple, D'ALLANCÉ, M. *Grosse colère*. Paris : École des loisirs, 2001.

- Cherchez l'origine du problème, écoutez. Il est possible qu'une diversion ou encore la réponse au besoin désamorcera la colère naissante.

- Si la colère explose, veillez à ce que personne ne se blesse. Séparez les protagonistes lors des conflits.

- Maintenez vos limites, ne cédez pas. Ne négociez pas avec un enfant qui menace : il cherche à manipuler, à intimider. Il ne faut pas se laisser entraîner dans ce cercle.

- Si votre enfant boude ou tape du pied, laissez-le faire, mais s'il hurle ou donne des coups de pied, demandez-lui de se retirer dans un endroit calme. Il pourra revenir auprès du reste de la famille lorsque ses cris auront cessé.

- Après la crise de colère, discutez avec votre enfant de ce qui s'est passé, pour résoudre le problème. Votre attitude calme et chaleureuse le rassurera quant à l'amour que vous lui portez. Proposez-lui une activité agréable et facile : cela l'apaisera.

L'ENFANT SOLITAIRE

▼

Certains enfants choisissent la solitude, mais d'autres la subissent et en souffrent. Pour ceux-là, il y a des solutions.

À 2 ans, les contacts se font principalement autour des objets. Deux enfants convoitent le même jouet et la dispute s'ensuit inévitablement. Ce n'est pas tellement l'envie de jouer avec l'autre qui provoque les rapprochements entre enfants, mais plutôt les conflits de possession. D'ailleurs, une fois le désaccord réglé, les deux belligérants iront s'amuser chacun de leur côté. Jusqu'à 2-3 ans, les petits se montrent curieux à l'égard des autres enfants, mais ils s'intéressent beaucoup plus à l'adulte qu'ils cherchent à imiter.

Peu à peu, cependant, l'adulte sera exclu des jeux même s'il devra encore agir à titre de médiateur, de négociateur ou d'arbitre. Vers 3 ans, les enfants commencent à nouer des amitiés. Toutefois, les petits groupes qui se forment sont éphémères. Les enfants jouent les uns à côté des autres en se racontant ce qu'ils font individuellement et changent de partenaires de jeu au gré de leurs envies.

Solitude choisie ou subie

Ce n'est que vers 3 ans, quand le désir d'avoir des amis se manifeste, que le sentiment de solitude peut éventuellement apparaître.

Certains enfants au tempérament introverti choisissent de jouer seuls. Ils font appel à leur imaginaire et s'investissent pleinement dans leurs jeux. S'ils apprécient ces occupations solitaires, ils sont aussi capables de participer à une activité collective proposée par l'adulte.

D'autres enfants s'isolent pour apprivoiser une situation nouvelle. Ainsi, tous les matins, Sacha se retire derrière un meuble de la garderie. Il salue sa maman, puis il observe les enfants, les éducatrices et les jeux disponibles. Il a besoin de ce moment de transition pour calmer sa peine reliée au départ de sa mère et pour décider de ses activités. Au bout de 15 à 20 minutes, il choisit un jeu et s'amuse parfois seul, parfois aux côtés de ses amis. Ayant vécu seul avec sa grand-maman durant trois ans, Sacha s'est retrouvé du jour au lendemain au centre d'un tourbillon étourdissant, ce qui a été difficile à vivre pour lui.

On ne peut pas dire que ces enfants-là souffrent de solitude. Par contre, c'est le cas pour les petits qui désirent créer des liens et qui ne savent pas comment s'y prendre, pour ceux qui sont rejetés par les autres enfants et enfin pour ceux qui ne réussissent pas à se séparer de leurs parents et qui se replient sur eux-mêmes.

Quand j'arrive, ils jouent déjà

C'est ce que répond Thierry à sa maman lorsqu'elle lui demande pourquoi il ne joue pas avec ses camarades. Thierry éprouve de la difficulté à aller vers les autres. On le voit à l'occasion debout, en train de regarder des enfants s'amuser ensemble. Il s'approche et sourit silencieusement. Les autres, trop captivés par leur jeu, ne l'invitent pas à se joindre à eux. Thierry est si discret. Au bout d'un certain temps, il abdique et va jouer seul. Il a besoin de soutien d'un adulte pour apprendre à s'affirmer et à prendre sa place au sein du groupe : « Thierry, tu observes Simon et Nadine sur le toboggan. Je pense que toi aussi tu veux glisser. Viens, on va aller leur demander ensemble. Est-ce qu'on peut jouer avec vous ? »

Les parents de Thierry devraient profiter de la visite d'enfants à la maison pour lui permettre de développer des habiletés sociales. En lui proposant un modèle, ils l'aideront à trouver une stratégie efficace pour se joindre au groupe. Au quotidien, ils pourront aussi inviter leur fils à dire ce qu'il aime, ce qu'il veut, bref à exprimer ses sentiments. À la garderie, l'éducatrice veillera à appuyer Thierry dans ses tentatives de contact afin qu'il trouve du plaisir dans ses interactions sociales. Elle l'incitera également à être attentif aux autres enfants et à observer comment eux s'y prennent pour jouer avec un camarade.

Ils ne veulent pas jouer avec moi !

Les enfants rejetés souffrent de solitude. Certains sont repoussés par les autres parce qu'ils sont maladroits et désagréables dans leurs relations. Ils bousculent, se querellent et finissent par être redoutés par leurs pairs. Non seulement les autres enfants refusent-ils leur présence, mais les éducatrices en viennent à les mettre en retrait, impuissantes devant la fréquence de leurs gestes agressifs. Or, ce n'est certainement pas en étant isolés du reste du groupe qu'ils apprendront à mieux se comporter avec les autres.

Il n'est jamais trop tôt pour mettre en place un plan de soutien au développement social de ces enfants, car plus la période de rejet est longue, plus ils souffrent et se perçoivent négativement. Le parent conscient des difficultés relationnelles de son enfant doit travailler de concert avec l'éducatrice afin de cibler les habiletés sociales à acquérir et ainsi répondre au besoin d'appartenance de l'enfant. À la maison, des limites claires et constantes lui feront comprendre que ses gestes agressifs ne sont pas tolérés. Par contre, on soulignera les bons gestes et on amènera l'enfant à mettre au point de nouvelles stratégies. En vivant peu à peu des expériences sociales positives avec ses parents, avec ses frères et ses sœurs et enfin avec ses camarades, l'effet néfaste du rejet s'atténuera et l'enfant sera davantage porté à faire des efforts pour avoir des amis.

Je m'ennuie

Ève est très sage, très calme. Elle ne joue pas avec les autres et ne dit rien quand un enfant lui arrache son jouet. Les yeux dans l'eau quand elle arrive le matin à la garderie, elle ne cherche pas le réconfort auprès de son éducatrice et ne semble pas intéressée par les autres. Elle s'ennuie de ses parents. Incapable de communiquer sa tristesse, elle se replie sur elle-même et sa peine étouffée l'empêche de créer des liens.

Quand elle conduit sa fille le matin, la maman d'Ève ne peut s'empêcher d'émettre quelques critiques à propos de la garderie. Cette ambivalence témoigne de sa difficulté à se séparer de son enfant. C'est parce que cette dernière ressent cette insécurité qu'elle n'ose pas aller vers les autres ou vers son éducatrice. Elle ne peut donc pas profiter des occasions d'apprentissage et de plaisir qu'offre la vie de groupe. Ève aurait besoin que sa mère la rassure pour se sentir en sécurité dans ce milieu. Pour ce faire, il est nécessaire que celle-ci ait une relation de confiance avec l'éducatrice. Celle-ci, de son côté, doit éviter de s'imposer. Elle privilégiera plutôt le contact non verbal et suscitera l'intérêt d'Ève en lui proposant une activité qu'elle aime particulièrement. Une fois le lien bien établi avec Ève, l'éducatrice pourra la jumeler avec un autre enfant et servir d'agent de liaison entre eux.

Moi avec les autres

Plus l'enfant grandit, plus il ressent le besoin de faire partie d'un groupe. D'abord soudé à ses parents, il prend peu à peu conscience de son identité propre et cherche à trouver sa place dans un réseau relationnel. Son premier ancrage est sa famille, puis vient le monde extérieur dans lequel il doit s'adapter, s'affirmer, se distinguer. Il manque à «l'enfant seul dans son coin» le sentiment d'appartenance qui ferait de lui un être social heureux.

Les parents ont un rôle à jouer dans le développement des habiletés sociales et dans l'apprentissage des règles. Car c'est en écoutant notre cœur de parent que nous découvrons la peine de notre petit. Si l'enfant isolé ne dérange pas et semble se faire oublier, sa tristesse, elle, est bien tangible et sa solitude crie son besoin d'aide.

Les demandes incessantes des enfants

▼

Léa essouffle sa maman à un tel point que cette dernière en arrive à regretter sa décision de rester à la maison pour elle. Trente fois, cent fois par jour, elle crie : « Maman, maman, viens voir ! Maman, maman, donne-moi ceci, fais cela ! » Elle la suit partout et l'épuise.

Il est facile de se sentir harcelé et même coupable devant les demandes variées et innombrables d'un enfant qui ne semble jamais satisfait et qui en désire toujours plus. Cette sollicitation permanente en vient à effriter la qualité de la relation puisque la victime consentante de l'envahissement en arrive à faire la sourde oreille, épuisée par des réclamations qui n'en finissent plus. Cependant, l'attitude consistant à ignorer les réclamations déclenche une recrudescence des demandes puisque pour l'enfant, tout est mieux que l'indifférence.

Comment, alors, sortir du cycle des demandes répétées qui engendrent chez le parent l'impatience et chez l'enfant un sentiment d'inquiétude qui l'amène à s'accrocher davantage ?

Le parent doit prendre conscience de ses limites et reconnaître qu'il a besoin de souffler sans se culpabiliser. L'éducation des enfants peut occasionner de la fatigue, de l'inconfort et parfois de l'irritation. Il met souvent en veilleuse ses besoins personnels pour s'investir totalement dans cette tâche. Il oublie qu'au-delà du fait d'être parent, il est homme ou femme, conjoint ou conjointe, amie ou ami, et certainement un être unique avec des besoins qui lui sont propres.

Le fait de renoncer à ses centres d'intérêt provoque chez le parent de la frustration et l'impression de faire un sacrifice de sa vie dont l'enfant lui est redevable. « Quel ingrat, avec tout ce que j'ai fait pour lui ! »

- Lorsque vous sentez l'irritation vous gagner, exprimez clairement à votre enfant votre limite. « Non, je ne joue pas avec toi maintenant, tu attends. J'ai besoin de faire une activité de grande personne ; après j'irai te voir. » Les enfants apprennent peu à peu à tolérer les délais et à reconnaître que, dans la vie, on ne peut avoir tout ce que l'on veut.

- Aidez votre enfant à développer son autonomie et, pour ce faire, choisissez des objectifs simples à réaliser. Suggérez-lui de faire dix minutes de dessin, par exemple, pendant que vous vous permettez un peu de lecture et un bon café. Félicitez-le. « Tu as trouvé tout seul les couleurs pour ton dessin. » « Tu as été capable de le réaliser tout seul. Je suis fier de toi. » Augmentez progressivement le temps où votre enfant joue seul.

- Aidez votre enfant à nommer sa déception lorsque vous refusez de répondre à un désir immédiat. En distinguant comme parent ce qui relève du besoin de ce qui est du désir, vous levez le voile de la culpabilité. Être un bon parent, c'est répondre aux besoins essentiels (être langé, nourri, aimé) et non pas satisfaire les caprices qui iront en se multipliant si on ne met pas de limites.

- Passez du temps avec votre enfant juste pour le plaisir d'être ensemble à ne rien faire sauf se bercer, se câliner. Cette dose quotidienne de tendresse est primordiale. Nous observons en milieu de garde les résultats positifs de cette injection d'amour. La disponibilité complète de l'adulte durant cette pause tendresse rassure l'enfant et répond à son besoin d'attention et d'amour. Derrière les demandes incessantes de l'enfant, il y a son besoin d'attention. L'essoufflement du parent indique aussi un besoin, celui d'exprimer des limites. La réponse à ces deux besoins ne peut que favoriser un sentiment d'attachement.

- Enfin, osez déléguer et exprimez votre besoin de souffler en vous accordant des moments de plaisir. Vous le méritez bien.

LE SUPPLICE DES SORTIES EN PUBLIC

▼

Qu'est-ce qui explique les comportements perturbateurs des enfants en public et comment les parents peuvent-ils leur apprendre que les sorties comportent aussi des règles ?

Sébastien se cache sous la table, court dans les allées du restaurant et crie. Tout le monde le regarde. Les visites à l'épicerie ne sont pas moins pénibles.

Que ce soit à l'épicerie, chez le médecin, au salon de coiffure ou au restaurant, les excès des enfants intimident bien des parents. Le regard des autres, témoins de la scène, induit tout un stress. Nous sommes sensibles au fait que le comportement de notre enfant incommode d'autres personnes. Les difficultés éprouvées par les parents en public sont parfois le reflet d'une attitude éducative laxiste à la maison. Dans ce cas, la sévérité occasionnelle du parent lorsque son enfant se montre désagréable en public ne réussit pas à modifier les comportements dérangeants de l'enfant.

L'enfant habitué au laisser-faire parental s'attend à ce que ses désirs soient satisfaits ; il considère donc les limites qu'on veut lui imposer lors des sorties en public comme une injustice. Il réagit fortement et il se désorganise davantage.

Nos petits diablotins ne sont pas tous des enfants rois. D'autres raisons peuvent expliquer leurs comportements perturbateurs en public. Des adultes, occupés à une conversation au restaurant ou concentrés sur leur liste d'épicerie, ignorent parfois les enfants sages mais soulignent rapidement les bêtises. Alors, l'enfant sage qui veut être reconnu comme un participant à l'activité se transforme en petit diable pour obtenir l'attention.

Par ailleurs, il nous arrive de demander aux enfants d'être tranquilles et obéissants pendant quelques heures. Cette attente est irréaliste pour un enfant de 4-5 ans qui se retrouve dans un contexte qui offre de nouvelles sources de stimulation et de nombreuses tentations. Il est donc normal que l'adulte ait à dire *non* plus fréquemment en public puisque l'enfant est sollicité par de nouvelles odeurs, par des couleurs et des sons nouveaux, par un tout nouvel environnement si riche en découvertes. Il a donc besoin d'apprendre que les limites et les consignes émises à la maison ont aussi force de loi à l'extérieur.

N'oublions pas que cet enfant n'a pas une grande expérience des us et coutumes de la vie « mondaine ». Il a eu peu d'occasions de pratiquer le « comment faire » et le « quoi dire » en public. C'est pourquoi, il est important de lui faire revivre une situation même si elle s'est avérée désastreuse. Par exemple, si la dernière visite à l'épicerie s'est soldée par des étalages renversés, retournez à l'épicerie avec l'enfant et posez vos conditions de façon à lui faire vivre cette expérience avec succès. Aidez-le à anticiper ses désirs et dites clairement vos règles. « Tu vas avoir le goût de secouer les différentes boîtes de céréales pour savoir s'il y a des surprises à l'intérieur. Je sais que tu es capable de rester près de moi, les mains dans les poches. » Ou encore : « On va aller au restaurant. Tu choisiras le jus qui a la saveur que tu veux. Je désire que tu restes assis le temps que nous allons boire. »

Augmentez peu à peu la durée de la sortie. Vous pouvez aussi jouer au restaurant à la maison en créant un climat particulier (lumière tamisée, chandelles, condiments sur la table, vêtements appropriés à une sortie). Il est essentiel de féliciter l'enfant lors des répétitions et même de lui manifester votre fierté et votre joie en lui offrant une occasion de lui faire plaisir. « J'ai été très heureuse de manger au restaurant avec toi. Tu es resté assis, tu as mangé et parlé avec nous. Je me suis reposée. Ça m'a fait très plaisir. Aimerais-tu maintenant qu'on aille faire un petit tour au parc ?»

Les sorties se dérouleront mieux si vous faites participer l'enfant à l'activité. Par exemple, vous apportez un petit sac à surprises au restaurant et vous le remettrez à l'enfant après avoir passé votre commande. Le sac contient de petits casse-tête, des crayons, du papier, de petites figurines et des livres qui sauront faire patienter votre enfant. À l'épicerie, proposez-lui le petit panier réservé aux futurs clients ou encore demandez-lui de vous passer la boîte de tomates ou de repérer sa boîte de biscuits préférés.

Malgré tout, si votre enfant se métamorphose en tyran au cours d'une sortie en public, agissez rapidement dès les premiers signes d'agitation. N'attendez pas l'escalade dans les négociations qui aboutira inévitablement à des cris. Retirez-vous dans l'auto, à la salle de bains, dans un coin isolé du magasin et parlez-lui. S'il vous semble disponible et coopératif, offrez-lui une chance de se reprendre. Indiquez-lui clairement quelle est la prochaine étape. «Tu choisis : marcher près de moi, à côté du panier roulant, ou tu t'assoies dans le panier.» «Tu t'assoies à la table et tu me laisses terminer mon repas. Je me repose ici ou nous retournons à la maison et tu iras dans ta chambre seul et je mangerai tranquillement mon dessert dans la cuisine.» La sortie ratée doit amener une conséquence afin que l'enfant apprenne que ses écarts de conduites ne sont pas acceptés.

La réclusion à la maison n'est pas la solution. La solution repose sur l'apprentissage des règles de vie par l'enfant et sur la sensibilité des parents à la faible tolérance des petits à l'attente inactive et à leur besoin d'attention.

Amusez-vous bien en famille puisqu'elle est le premier lieu d'apprentissage aux règles de notre société.

Il s'habille en princesse!

▼

**Lorsque le petit garçon s'amuse à s'habiller
en princesse, il y a de fortes chances qu'il soit
en train de jouer à «faire semblant».**

Christophe, 4 ans, se déguise en princesse. Il s'affuble d'une
robe rose et trimbale un sac à main. Il joue à la dînette avec les
filles. Ces attitudes exaspèrent son père qui se demande pourquoi son fils se travestit.

En jouant à la dînette ou au pompier, le petit garçon explore
les deux mondes, celui de son sexe et celui du sexe opposé. On
peut parfois observer chez les filles le même phénomène. Ainsi
la fillette qui tente d'uriner debout expérimente la différence.

Le processus de construction de l'identité se fait progressivement. Les petits prennent conscience de la différence des sexes
vers l'âge de 20 mois. L'enfant s'identifie d'abord à la personne
la plus proche de lui, souvent la mère. Le petit garçon et la petite
fille diront tous les deux qu'ils veulent devenir une maman plus
tard ou encore qu'ils portent un bébé dans leur ventre. Le garçon
doit repousser cette identité féminine pour édifier son identité
masculine. On retrouve d'ailleurs plus de travestisme infantile
dans les jeux de garçons que dans ceux des filles.

Ce garçon, qui se déguise en princesse ou en fée et qui veut
se maquiller comme maman, est en train de jouer. Peu à peu, il
comprend qu'il s'agit d'un jeu de «faire semblant». Le parent
doit lui expliquer: «Tu t'amuses à te déguiser. C'est amusant
de faire semblant d'être une fée, une sorcière ou un docteur.
On sait tous les deux que ce n'est pas pour vrai.» En réagissant

hostilement, le parent pourrait inciter l'enfant à poursuivre son voyage dans le monde des filles pour susciter l'attention, pour faire réagir, pour s'opposer.

Le papa de Christophe réagit comme de nombreux adultes qui voient d'un mauvais œil le garçon qui choisit des jeux de filles à l'occasion, alors que les jeux de garçons observés chez les filles sont considérés de façon plus positive. On dira de la fillette qu'elle s'affirme, qu'elle est débrouillarde.

Par contre, si la confusion sexuelle perdure, que le garçon paraît malheureux de son sexe, s'il dit souhaiter être une fille, nie être un garçon, ne développe pas les intérêts en lien avec son propre sexe et démontre un inconfort à un tel point qu'il veut être débarrassé de son pénis et qu'il le cache, il est conseillé de consulter un spécialiste.

POURQUOI NE VEUT-IL PAS JETER SES VIEUX JOUETS ?

▼

Les parents peuvent facilement comprendre les raisons qui expliquent l'attachement de leur enfant à certains jouets.

Certains enfants accumulent les jouets et les objets. Ils affectionnent encore des toutous éventrés, des blocs de construction abîmés, des jeux du temps où ils étaient petits. La disparition de ces objets provoque chez eux de vives colères parfois arrosées de larmes.

Je me souviens de ma douce et molle Fonfonnette qui a été ma première poupée en chiffon. Elle dormait depuis plusieurs années dans l'armoire de ma chambre, ignorée par la grande fille de 10 ans que j'étais devenue. Mais dormait-elle vraiment ? Je pense qu'elle sommeillait peut-être, mais elle assumait aussi son rôle de témoin du passé.

Or, ma mère avait été sollicitée pour une cueillette de jouets et de vêtements susceptibles de servir à des enfants plus démunis. Avec sa grande délicatesse, elle m'avait demandé l'autorisation de donner des objets dont ma Fonfonnette. Lorsque le bénévole est venu prendre le sac, je l'ai entendu remercier ma mère. Mon cœur s'est brisé, j'abandonnais ma Fonfonnette, elle qui m'avait tant consolée, écoutée, réconfortée et amusée. Je n'ai pas pu et j'ai repris ma Fonfonnette usée, je l'ai sortie du gros sac vert, avec ses cheveux frisés, sa jambe mutilée et son visage souriant en caoutchouc. Fonfonnette faisait partie de moi et je n'étais pas prête à tirer un trait sur cet épisode de ma courte vie. Heureusement, ma mère sensible a su respecter mon rythme.

Certains objets délaissés par les enfants demeurent habités de souvenirs tendres. Avant de les mettre au rebus, de vider une chambre encombrée, demandez l'avis de votre enfant. Peut-être vous suggérera-t-il un autre lieu pour ranger ses trésors. Une chose est certaine : vous découvrirez des parcelles intimes de votre enfant en comprenant pourquoi il est attaché à tel objet ou à tel autre. Votre enfant reconnaîtra en vous un parent sensible et respectueux et vous le rendra bien.

ADIEU Fonfonnette, tu n'es plus là, mais je pense encore à toi.

Le petit malade imaginaire

▼

Avec ses bobos invisibles, l'enfant nous dit qu'il a mal à son être, qu'il ne se sent pas reconnu et aimé.

Nadine, 4 ans, est une enfant qui se développe bien. Elle s'exprime avec aisance et elle est appréciée de ses amis. Toutefois, elle sollicite l'attention de ses parents régulièrement en disant qu'elle s'est fait mal. Les bobos sont invisibles. Cette petite comédie dure depuis plusieurs semaines.

Avec ses bobos invisibles, l'enfant nous dit qu'il a mal à son être, qu'il ne se sent pas reconnu et aimé. Jacques Salomé utilise l'expression «mal-à-dit». Plus l'enfant est jeune, moins il maîtrise le langage parlé et plus il tente de s'exprimer sur le mode non verbal par l'intermédiaire de son corps. Ce malaise ressenti par l'enfant est légitime. Peut-être trouve-t-il son origine dans sa difficulté à prendre sa place au sein d'un groupe de pairs à la garderie alors qu'à la maison il est le centre en tant qu'enfant unique. Le besoin d'attention qu'il ressent peut aussi trouver sa source dans sa difficulté à se situer dans la cellule familiale depuis l'arrivée d'un bébé ou dans le contexte de la maladie d'un parent malade. L'enfant a finement observé que les bobos suscitent l'attention et amènent des soins et du réconfort ; il cherche à en obtenir en simulant un malaise, un bobo ou un mal de ventre.

Les plaintes continuelles de l'enfant inquiètent les parents. «Il me fait une otite», «Il me couvre une gastro». L'enfant émet un message : «Remarque-moi, prends soin de moi, je suis inquiet de la place que j'occupe maintenant dans ton cœur. », et le parent n'hésite pas à consulter. Le constat de bonne santé émis par le médecin et le temps perdu à attendre à la clinique suscitent l'impatience du parent: «Va jouer, tu n'as rien. C'est assez le pleurnichage.» L'enfant en quête d'attention cherchera à nouveau à transmettre son message.

Il faut donc décrypter le message de l'enfant et donner une réponse à son besoin exprimé maladroitement. «Je ne vois pas ton bobo. J'ai l'impression que tu me parles de bobo pour que je prenne soin de toi. Tu sais, il n'est pas nécessaire d'être malade pour être aimé. Tu peux me demander de prendre soin de toi, de te bercer, de jouer avec toi, de remarquer ce que tu accomplis, de te consoler ou de te rassurer.»

Par ailleurs, il y a des enfants qui constatent la fierté de leurs parents lorsqu'ils se blessent à cause de leurs prouesses. Ils sont fiers de ce petit casse-cou qui se montre intrépide, aventureux et imaginatif, même s'ils sont un peu agacés de devoir se rendre à la clinique pour des points de suture. Ces enfants se distinguent de ceux qui parlent à répétition de leurs bobos, avouant ainsi un manque d'amour.

Derrière les petits bobos imaginaires, il y a surtout la nécessité d'être reconnu, écouté et apprécié, et d'apprendre à exprimer clairement son besoin d'amour.

Moi, j'aime pas ça les bisous !

▼

L'enfant a le droit de choisir les modes de contact corporel qui lui conviennent.

Étienne, 4 ans, repousse avec véhémence sa copine Annette qui lui donne un bisou dans le cou. Je lui explique alors que Annette lui signifie son amour, mais il ne veut rien entendre : « Moi, j'aime pas ça les bisous ! » Il évite aussi sa marraine affectueuse qui veut l'embrasser.

Il est important de respecter les limites de l'enfant quand il s'agit d'un contact corporel. Étienne a su identifier les modes de contact qui lui conviennent et ceux qui génèrent en lui de l'inconfort. Bien qu'Annette et sa marraine aient une approche douce, il refuse les petits baisers dans le cou et il exprime clairement son refus. Et c'est bien ainsi. En effet, nous apprenons aux enfants à prendre contact en se saluant, en s'approchant doucement, mais nous ne devons jamais oublier de leur enseigner aussi à écouter l'autre qui refuse telle ou telle forme de rapprochement.

Comme adultes, nous nous souvenons bien des becs ponctués de joues pincées qui nous étaient généreusement donnés par nos tantes ou des câlins de certains membres de notre parenté que nous ne pouvions éviter. Nous n'exprimions pas notre malaise, et tout ça prétendument par politesse ! Apprenons à nos petits à écouter la petite voix qui les invite à dire *non* à tel petit baiser et *oui* à tel câlin, à dire *non* à telle personne et *oui* à telle autre. Apprenons à nos petits à exprimer leur malaise. Ainsi, nous leur donnons des outils pour faire face à la vie. Nous leur envoyons comme message que ce qu'ils ressentent est légitime et digne d'être exprimé.

Voici quelques moyens pour soutenir l'enfant dans cet apprentissage.

- Apprenez à votre enfant qu'il a le droit de dire qu'il n'aime pas les bisous dans le cou.

- Discutez avec les enfants des différentes façons d'exprimer notre amour à quelqu'un : bisou, câlin, caresse, sourire, dire *Je t'aime*, faire un dessin ou un bricolage, lui faire plaisir, lui faire un clin d'œil, lui demander *Est-ce que je peux jouer avec toi ?*

- Demandez toujours la permission à l'enfant avant de lui faire un câlin ou avant de le prendre dans vos bras. Il apprend ainsi qu'il peut refuser le contact même d'une personne de confiance.

- Respectez le choix d'un enfant de ne pas participer à une activité où il peut y avoir des contacts.

- Offrez des occasions à votre enfant de prendre conscience de sa petite voix intérieure qui lui dit ce qu'il apprécie ou non dans les contacts ; les périodes du bain, du coucher ou du réveil s'y prêtent bien. Utilisez des pompons, des plumes, des petites balles, la patte douce de son toutou ou d'autres objets pouvant servir de massage. Faites choisir l'objet à l'enfant. Il devra alors s'arrêter pour ressentir ce qui lui plaît davantage. Félicitez-le : «Toi, tu sais bien ce qui te fait plaisir et tu es capable de me le dire.»

- Faites des activités qui favorisent le développement de l'estime de soi. Plus l'enfant a confiance en lui, plus il se connaît, plus il s'affirme, plus il est outillé pour faire face aux situations.

LE PETIT, SA FAMILLE ET LA GARDERIE

Elle n'aime plus la garderie!

▼

Du jour au lendemain, votre fillette, qui semblait parfaitement heureuse dans son milieu de garderie, déclare qu'elle ne veut plus y aller. Comment s'explique ce changement et comment y réagir ?

La maman d'Anaïs ne comprend plus sa fille de 4 ans. Depuis une semaine, le départ pour la garderie, qu'elle fréquente depuis deux ans, est devenu un supplice pour Anaïs : cris et lamentations sont au rendez-vous tous les matins. Pourtant, elle s'y était adaptée rapidement. Après le rituel des trois bisous et deux câlins, elle se précipitait pour rejoindre ses amis. Aujourd'hui, Anaïs hurle à ses parents : «Je ne veux plus aller à la garderie ! », boude à son arrivée, ne salue plus son éducatrice, prend un air renfrogné et triste.

Jouer au détective

Pour découvrir ce qui se passe lorsque votre enfant ne veut plus aller à la garderie, il faut jouer au détective, observer et interroger. Son malaise s'exprime-t-il par des oppositions verbales ou se perçoit-il à la qualité de son sommeil et à son appétit ? Depuis quand cette résistance se manifeste-t-elle ? Y a-t-il eu des changements à la garderie (nouvelle éducatrice, nouvel horaire, nouvel environnement) ? Y a-t-il eu des bouleversements familiaux dernièrement (naissance d'un autre enfant, déménagement, séparation…) ?

Il faut ensuite que votre petit se rende compte que vous comprenez ses sentiments et le rassurer sur le fait qu'il y a une solution à son malaise. Il est essentiel de rencontrer l'éducatrice afin de l'informer des réactions et des paroles de votre enfant, et de trouver avec elle une solution en identifiant les besoins exprimés par l'enfant. Voici un aperçu de ces besoins.

Besoin de sécurité

Quand sa maman l'a interrogée sur ce changement, Anaïs a avoué qu'elle n'aimait pas Charlène, la nouvelle arrivée dans le groupe, parce qu'elle décide de tout. Anaïs réagissait donc à la perte de son statut de *leader*. Elle a besoin d'être rassurée sur la place unique qu'elle occupe dans le groupe.

Amélie joue seule, s'installe dans un coin, demeure silencieuse à la garderie, ce qui étonne son papa. Elle dit clairement qu'elle ne veut plus aller à la garderie. Pourtant, elle ne pleure pas lorsque son papa part le matin : elle ne craint donc pas l'abandon. Elle a déjà été gardée à la maison et tout allait bien. Dans les bras de son papa le soir, elle lui confie qu'il y a beaucoup d'enfants qui crient et qui courent partout dans la garderie. Elle a peur des autres enfants. Pour répondre à son besoin de sécurité, il faut lui expliquer que les gestes agressifs sont interdits à la garderie et que son éducatrice est là pour veiller sur elle. Cette dernière devra aussi aider Amélie à entrer en contact avec les autres enfants.

Face à la nouveauté, certains enfants, comme Maxime, 3 ans, se sentent bousculés. Il crie : « Je te déteste, maman. Je veux pas la garderie ! » Il n'aime pas la garderie en période estivale. Son éducatrice est en vacances, son groupe est divisé, certains amis sont passés dans le groupe des 4 ans, d'autres sont en congé, et lui et Étienne doivent se joindre au groupe des petits. Certains jours, il se baigne à la pataugeoire avec les petits, autrement il joue avec les grands. Toute cette instabilité le trouble. Maxime a vraiment besoin qu'on lui assure des routines stables et qu'on lui annonce à l'avance le déroulement de la journée. Il se sentira ainsi plus en sécurité, car il pourra anticiper les événements à venir.

Antoine, 2 ans et demi, est maussade, boude dans la voiture et tente parfois de frapper son papa lorsqu'il le quitte. «Non, non, pas garderie», hurle-t-il en ponctuant ses cris de signes de la tête de gauche à droite. Il se demande pourquoi il ne peut pas demeurer à la maison avec maman et le nouveau bébé de la famille, Lori.

Les parents de Josette se sont séparés. D'enfant active et heureuse, elle est devenue silencieuse et passive. Elle refuse d'aller à la garderie, de participer aux activités depuis un mois. Au fond d'elle, elle se pose des questions: «Qui viendra me chercher? Où vais-je faire mon dodo? Et si on m'oubliait ici?» Josette a besoin d'être rassurée sur l'amour de ses parents malgré les changements dans sa famille.

D'autres besoins

Si Alexandra refuse d'aller à la garderie et arbore un air triste, c'est parce que son amoureux, Alain, est en vacances. Quel choc pour sa maman qui voit dans cette amourette un avant-goût de l'adolescence! Alexandra a besoin de développer son autonomie affective. Il faut lui apprendre à jouer seule et l'aider à créer des liens avec d'autres enfants du groupe.

Il existe aussi des petits qui refusent de retourner à la garderie parce qu'ils vivent une difficulté relationnelle avec l'éducatrice. Ainsi, Daphné, l'enfant sage, s'est fait réprimander pour la première fois devant les autres. Ou alors, c'est le regard de l'autre qui génère chez certains enfants de la gêne. Hugo n'aime plus Édith, son éducatrice, depuis qu'elle l'a obligé à jouer dans le spectacle qu'elle organise avec les enfants de son groupe. Daphné et Hugo ont besoin qu'on les aide à préserver leur estime de soi. Lorsqu'elle aura des remarques à faire à Daphné, l'éducatrice devra prendre soin de le faire en tête à tête et non devant tout le groupe. Hugo, lui, a besoin qu'on le laisse choisir la façon de participer au spectacle, mais aussi qu'on le laisse faire à son rythme à lui.

Quant à Joëlle, la rêveuse, elle est impressionnée par la voix forte et autoritaire de Diane et elle a l'impression que celle-ci ne l'aime pas. «Diane parle fort et il faut toujours s'habiller vite, vite», explique-t-elle à sa maman. Ses inquiétudes sont telles qu'elle est agitée dans son sommeil, qu'elle a des nausées au déjeuner et qu'elle mange très peu à la garderie. Pour l'aider, l'éducatrice doit lui montrer qu'elle l'accepte telle qu'elle est et tout faire pour créer avec elle un lien d'attachement.

Julianne boycotte certaines activités préscolaires qui lui sont proposées, car elle a peur de ne pas réussir. «C'est trop dur, la garderie», dit-elle. Déjà à 4 ans, elle vit du stress de performance. Elle a besoin de vivre des succès. L'éducatrice doit l'encourager, valoriser ses forces et lui proposer des activités où l'apprentissage passe par le jeu et le plaisir, ce qui est mieux adapté à son âge et à son niveau de développement.

Enfin, le besoin de stimulation peut aussi expliquer le désintérêt de l'enfant pour la garderie. «La garderie, c'est ennuyant», affirme Kim. Le soutien de l'adulte au jeu spontané de l'enfant pourra lui apporter l'occasion de nouvelles découvertes. Par ailleurs, il est reconnu qu'un fort sentiment d'appartenance au groupe d'enfants fréquentant la même école peut contribuer à prévenir l'abandon scolaire. Il en est de même pour un enfant plus jeune. Plus l'enfant se sent reconnu par ses pairs et sent qu'il fait partie d'un groupe dont il est fier, plus il désirera multiplier les rencontres positives amorcées et cultivées en milieu de garde.

Lorsque votre enfant refuse de retourner à la garderie après la période d'adaptation, et ce malgré ses liens avec les autres enfants et avec son éducatrice, il communique à sa façon son malaise. Cela peut prendre différentes formes : regards, mimiques, cris, pleurs, comportements inhabituels… C'est à vous de décoder son langage. Cette tâche est d'autant plus facile que vous avez comme parent une connaissance intuitive et profonde de sa personnalité, une connaissance tissée au jour le jour par la relation d'attachement.

Il n'aime pas son éducatrice

▼

Il est parfois difficile de bien comprendre ce qui se passe entre votre enfant et son éducatrice.

Même si sa mère essaie de l'encourager et de mettre en lumière les nombreuses qualités de son éducatrice, Alexis dit ne pas l'aimer et il parle sans cesse de celles qu'il préférerait avoir. Comme cela peut arriver, entre adultes, de ressentir des antipathies « naturelles », les sentiments de l'enfant ne devraient-ils pas être respectés ? Ne risquent-ils pas d'engendrer des réactions moins positives de la part de son éducatrice puisque celle-ci doit nécessairement sentir cette antipathie ? Cela peut-il influencer son niveau de tolérance, d'exigences, ou de patience avec Alexis ? Ne devrait-elle pas demander un changement de groupe ? Est-ce à la mère de le faire ?

Dans cette situation, le rôle du parent comporte plusieurs aspects. Il lui faut d'abord accueillir ce que ressent l'enfant. Il s'agit d'identifier avec lui ce qui est difficile pour lui dans sa relation avec son éducatrice. Y a-t-il eu une situation particulière dans laquelle l'enfant s'est senti exclu ou jugé ? Il ne faut pas oublier que ce genre de commentaire peut aussi être entendu au sein de la famille : « Je ne t'aime plus maman. Je veux papa. » Ainsi peut s'exprimer la frustration ressentie par l'enfant à la suite d'un interdit.

On rencontre parfois cette réaction négative envers une éducatrice lorsque l'enfant fait face pour la première fois au partage de l'adulte.

Pour la première fois, au moment de l'entrée à la garderie, l'enfant n'est plus le seul objet d'amour des adultes. L'enfant unique qui vit au centre des adultes accepte difficilement cette attention divisée entre tous les enfants du groupe. Le désir de se faire préférer aux autres n'est pas satisfait. D'ailleurs, il ne faut pas confondre le désir d'être le préféré et le besoin d'être en relation. Comme parent, nous parlons avec notre enfant de ce désir sans avoir à y répondre alors que le besoin d'être en relation doit être comblé. «Tu trouves ça difficile de vivre avec Claudine et les amis à la garderie. Tu souhaiterais bien être seul avec elle, comme nous le sommes papa et moi avec toi à la maison. Ce n'est pas possible, des parents et des éducateurs c'est différent. Le travail des parents, c'est de prendre soin de leur enfant et celui des éducatrices, c'est de prendre soin de tous les enfants. Que ce soit Claudine ou Isabelle ou encore Alexandre, tu seras à la garderie en compagnie de nombreux enfants qui souhaitent, tout comme toi, avoir leur éducatrice juste à eux.»

La deuxième tâche du parent est de protéger son enfant contre les dangers physiques et psychologiques qui peuvent le menacer. Si le besoin de l'enfant d'entrer en relation n'est pas comblé, c'est que l'éducatrice manque à son premier rôle, celui de créer des liens pour accompagner chaleureusement l'enfant qui grandit. Observez votre enfant en relation avec son éducatrice; lui sourit-elle, le soutient-elle lorsqu'il éprouve une difficulté, est-elle capable de relever ses forces, ses qualités? Votre enfant fait-il appel à elle pour être aidé ou encouragé? Fiez-vous à votre cœur de parent: avez-vous confiance en cette éducatrice? Si vos propos sur la garderie sont teintés de doutes ou de critiques, il est probable que l'enfant va absorber cette méfiance à la façon d'une éponge. Si vous éprouvez des inquiétudes quant à la qualité de la relation entre votre enfant et l'éducatrice, parlez-en. Nommez ce que vous ressentez sans juger et en décrivant les sources de votre inquiétude. C'est le devoir professionnel de l'éducatrice de mieux connaître les sensibilités de l'enfant et du parent, et de dépasser les antipathies. Les éducatrices doivent respecter une éthique professionnelle qui exige d'elles d'accepter, de reconnaître et d'estimer chaque enfant dans son unicité.

Enfin, le parent a aussi la responsabilité de soutenir son enfant dans ses expériences relationnelles. L'enfant d'âge préscolaire relève de nombreux défis en accédant à un univers social élargi. Il rencontre des gens avec qui il se sent bien et d'autres avec qui il se sent moins bien. Ces affinités sont intimement liées à sa propre histoire, à ses sensibilités particulières. Je me souviens d'un enfant qui refusait le contact d'une éducatrice parce qu'elle ressemblait physiquement à une autre personne qui lui avait fait vivre des expériences douloureuses ; d'une autre petite aussi qui se sentait agressée par la voix forte de son éducatrice. Elle percevait de la colère dans cette voix alors qu'il n'en était rien.

Il est nécessaire de faire comprendre à l'enfant ce qui rend cette relation difficile pour lui. Ainsi, il apprendra peu à peu que, dans la vie, il devra s'ajuster à différentes personnes au même titre qu'il découvrira une diversité de personnalités auprès des autres enfants. « Tu préfères Julien parce qu'il aime lui aussi les autos. Tu apprécies Simon parce qu'il te fait rire. Tu as découvert Antoine, tu ne jouais pas avec lui avant. Maintenant tu t'amuses bien en sa compagnie. Tu sais, avec les grandes personnes, c'est aussi comme ça. Il y en a avec qui on s'amuse bien dès le départ, d'autres qu'on apprend à connaître. » Mais c'est avant tout le rôle de l'éducatrice de construire ce lien, le pont vers l'enfant. C'est à elle de faire l'effort de mieux connaître l'enfant et d'adapter ses façons de faire afin de rendre possible une bonne relation. L'enfant est en apprentissage de ce qu'il est et du monde extérieur. Ses mécanismes adaptatifs se mobilisent à petites doses, mais il n'est pas encore en mesure de comprendre l'autre à cause de l'égocentrisme propre à cet âge. Il est difficile pour lui de comprendre et de prendre conscience du point de vue de l'autre, de la façon d'être particulière de son éducatrice.

Le milieu de garde est capable d'entendre le parent nommer ce qui l'inquiète et ainsi le rassurer en l'informant sur l'éducatrice. Elle semble peut-être sévère ou distante au regard du parent mais se montre si taquine et souriante avec les enfants. Ou encore, elle démontre des façons de faire si différentes des autres adultes que l'enfant a rencontrés. D'ailleurs, l'enfant qui compare une personne à une autre exprime parfois sa difficulté passagère à s'adapter à la nouveauté. C'est donc en décodant ce que vit l'enfant, en lui nommant ses défis et en les traduisant à l'éducatrice que cette dernière pourra mieux répondre aux besoins relationnels de l'enfant. Le changement de groupe est la dernière solution à envisager. En changeant l'enfant de groupe, on le coupe des liens qu'il a su tisser avec les enfants et on le prive d'une expérience qui devrait l'aider à se construire de nouveaux modèles relationnels susceptibles de l'outiller dans ses futurs contacts. Toutefois, cette option devra être considérée si l'enfant perd l'appétit, manque d'intérêt aux jeux, fait des cauchemars, est difficile à consoler et que ces signes persistent malgré la démarche d'échange entreprise par le parent.

Faites confiance aux capacités adaptatives de votre enfant. Vos questions témoignent de votre écoute sensible envers votre enfant. Les échanges ouverts entre tous les partenaires demeurent la clé du succès.

On rentre à la maison, fiston?

▼

Au moment de quitter la garderie, plusieurs enfants agissent de façon à retarder le moment du départ. Les parents se questionnent alors non seulement sur le pourquoi de ce comportement mais aussi sur la façon convenable de réagir.

La maman de Juliette arrive à la garderie après sa journée de travail, toute heureuse de retrouver sa petite fille chérie, sa « pitchounette ». Mais mademoiselle Juliette refuse de suivre sa mère. Celle-ci tente de la convaincre en lui proposant son repas préféré et en lui rappelant le plaisir de jouer avec papa après le souper. Mais rien n'y fait. La ronde de négociations se prolonge et aboutit à une crise digne des plus grands drames du répertoire. La mère de Juliette ne comprend pas l'attitude de sa fille, et le petit manège commence à l'impatienter. En fait, Juliette fait partie de l'un des quatre types d'enfants récalcitrants : les décideurs, les jouisseurs, les laborieux et les conservateurs.

Les décideurs

Juliette explore le pouvoir de différentes façons : elle repousse son assiette, elle se détache de son siège d'auto, elle rechigne à mettre les vêtements que maman a placés sur son lit, elle s'échappe de papa qui lui tient la main… Elle dit « non », elle fait « non ». Les décideurs saisissent l'occasion de s'opposer à l'adulte. Plusieurs stratégies servent à leur prise de pouvoir : des « non » exprimés fortement, des larmes ou des crises. Le départ fait partie des moments de vie où le décideur veut imposer sa volonté.

Les jouisseurs

Élizabeth court jusqu'au vestiaire mais, en cours de route, elle s'arrête dans la grande salle, se dirige vers la cuisinière, invite son père à manger de la pizza, lui offre un café. Son père, qui est venu la chercher, hésite puis accepte de jouer le jeu du restaurant. Élisabeth abandonne son restaurant et court de nouveau. Son papa la poursuit et l'invite à aller s'habiller au vestiaire. Elle lance chapeau et manteau en riant. Élisabeth est du type « jouisseur ».

Les jouisseurs profitent de ce moment magique où le parent est disponible dans cet environnement conçu pour le jeu. Ils courent et papillonnent d'un coin de jeu à l'autre en invitant papa ou maman à participer à leurs fantaisies. Les jouisseurs ont compris que le parent est captif du milieu de garde, loin du téléphone, de l'ordinateur ou des tâches quotidiennes, et ils veulent en profiter gaiement.

Les laborieux

Les laborieux s'affairent à la construction d'un gratte-ciel, au dessin d'une fleur ou au soin d'un bébé dans le coin des poupées. Ils sont très occupés, et l'arrivée du parent annonce la triste fin d'un jeu passionnant. Ils souhaitent continuer ce qu'ils ont entrepris et repoussent le parent qui dérange la poursuite de leur plaisir. Ils ont suffisamment confiance en la continuité et en la force du lien qui les unit à leurs parents pour ne pas craindre de mettre ainsi en péril l'amour qui existe entre eux.

Les conservateurs

Étienne aperçoit son père qui traverse le stationnement de la garderie. Il le regarde, mais ne répond pas à ses salutations. Son papa l'invite à entrer à la maison. Étienne reste là sans bouger et fixe son éducatrice, qui l'encourage à se rendre au vestiaire rejoindre son père. Étienne a besoin de temps pour passer d'une activité à une autre. C'est un petit « conservateur ». Les conservateurs ont besoin d'apprivoiser les départs, les changements. Ils doivent pouvoir anticiper ce qui leur arrive pour se sentir en sécurité. Les conservateurs réagissent en pleurant ou en s'agrippant à un adulte lors de déplacements inattendus. Certains refusent la présence d'une nouvelle éducatrice dans leur groupe et prendront un certain temps avant d'aller vers elle.

Maman et papa d'abord !

Vos petits « récalcitrants » vous aiment et vous attendent après leur journée à la garderie. Ils parlent de vous en dessinant, en racontant leur dernière sortie avec vous, en vous décrivant durant les échanges avec l'éducatrice et les autres enfants. Ainsi, lorsque je rencontre des enfants, ils me demandent mon nom et me disent les vôtres. Ils me demandent si je suis la maman de quelqu'un et me parlent de vous. N'interprétez pas leur maladresse relationnelle comme un signe d'indifférence ou comme une préférence pour leur éducatrice. Cette dernière n'est que de passage dans la vie de votre enfant. Bien qu'elle soit significative pour lui, vous êtes et demeurerez toujours les personnes les plus importantes pour votre enfant. D'ailleurs, s'il a su créer des liens avec un autre adulte que vous, c'est parce que vous avez établi avec lui une relation d'amour solide qui lui permet de faire confiance aux autres. L'éducatrice la plus bienveillante ne saura jamais remplacer ce lien unique, spécial et intemporel qui vous unit à votre enfant.

Pour finir la journée avec le sourire

Voici quelques moyens pour faciliter le départ de la garderie.

- Le petit décideur. Proposez-lui de choisir : « Tu viens maintenant ou dans cinq minutes, lorsque l'aiguille sera là, sur ma montre. »

- Le jouisseur. Consacrez-lui du temps. Fixez une période de jeu que vous partagerez soit à la garderie, soit à la maison.

- Le laborieux. Octroyez-lui du temps pour poursuivre le jeu. Précisez la période fixe et situez-la concrètement dans le temps. Ou proposez de conserver la construction ou de dessiner les fleurs de l'arbre une fois que vous serez rendus à la maison.

- Le conservateur. Demandez à l'éducatrice de le préparer au changement en annonçant que vous viendrez le chercher, par exemple après que la maman de Julien soit arrivée. Les enfants comprennent les allées et venues des parents qui circulent dans le milieu de garde en fin de journée et intègrent la séquence des arrivées.

Parents et éducatrices : un partenariat à cultiver

▼

Pour que l'enfant se sente bien dans son milieu de garde, il est essentiel que les parents et les éducatrices travaillent main dans la main.

L'éducatrice fait partie du réseau social de l'enfant. Sa relation avec l'enfant ne remplacera jamais les liens privilégiés qu'il a tissés avec ses parents, mais elle constitue une relation d'attachement parallèle et significative pour lui.

Isabelle amène sa petite Léa, 15 mois, à la pouponnière. Elle salue rapidement l'éducatrice et rassure Léa : « Ne t'en fais pas, Léa, maman va revenir. Je ne te laisserai pas ici tout le temps, maman n'est pas loin. Bye-bye, ma chérie ! » Isabelle s'éloigne puis revient voir Léa à quelques reprises. Léa pleure et Isabelle semble si inquiète de la laisser dans cet endroit avec cette femme étrangère à qui elle ne parle pas.

À l'inverse, une bonne communication entre les parents et l'éducatrice favorise l'adaptation de l'enfant. La complicité et la confiance mutuelle qui existent entre eux donnent à ce dernier un sentiment de sécurité. Ainsi, Marie-Pier s'est facilement intégrée au groupe des trottineurs. Dès le premier jour, sa maman l'a rassurée : « Je te laisse ici, avec Christine, parce que je sais qu'elle prendra soin de toi et qu'elle s'amusera avec toi pendant que je travaille. Christine est ton éducatrice, c'est son travail de prendre soin des enfants. Moi, je serai toujours ta maman d'amour. »

Ensemble pour l'enfant

Le partage d'observations et d'informations entre les parents et l'éducatrice assure une meilleure réponse aux besoins de l'enfant. Cette concertation facilite la cohérence éducative et la généralisation des apprentissages. L'enfant entend les mêmes messages, observe et imite les mêmes modèles. Par exemple, à la garderie, Justin se retrouve dans des situations où il doit attendre. C'est difficile pour lui car, chez lui, comme il est enfant unique, les moments d'attente sont plus rares. L'éducatrice de Justin a donc suggéré à ses parents de «l'entraîner à attendre» à la maison. Peu à peu, les sourires ont remplacé les crises et Justin a appris à mieux tolérer les délais, inhérents à la vie de groupe.

Des routines d'endormissement à la maison aux événements marquants vécus par la famille, toutes ces informations aident l'éducatrice dans son travail. Ainsi, elle comprendra pourquoi Fatima s'agite toujours sur son matelas durant la sieste quand elle aura appris qu'à la maison elle s'endort avec une lourde douillette. Ou elle découvrira que, si Simon cherche depuis quelque temps son attention, fait le clown et contrevient aux règles, c'est parce que sa maman est hospitalisée.

La concertation est aussi un gage de succès dans un plan de soutien au développement de l'enfant. Dans le cas d'Étienne, qui a du mal à refréner ses comportements agressifs, ses parents et son éducatrice se sont entendus sur la façon d'intervenir. Cette dernière a expliqué à Étienne: «Je vais parler avec ta maman et ton papa pour qu'on trouve ensemble comment tu peux être plus heureux à la garderie avec tes amis. Tes parents vont te dire après ce qu'ils auront décidé pour toi.» Ensuite, les parents et l'éducatrice échangeront leurs observations pour évaluer l'efficacité de leur plan.

Les obstacles à la communication

Même si les « partenaires », parents et éducatrices, s'efforcent de créer et de maintenir un contact, il peut y avoir des obstacles à la collaboration. Les barrières linguistiques et culturelles, par exemple, exigent un effort d'adaptation puisque les valeurs et les références divergent parfois. Il y a aussi la peur du jugement, que ce soit chez les parents à propos de leurs compétences ou chez l'éducatrice, à propos de ses compétences professionnelles. Or, il faut éviter de rechercher un « coupable » (si l'enfant éprouve des difficultés, est-ce la faute du parent, qui n'exerce pas son autorité parentale, ou celle de l'éducatrice, qui ne sait pas encadrer son groupe d'enfants ?), car cela entraîne inévitablement la confrontation.

Par ailleurs, le rythme effréné du quotidien des parents peut aussi jouer. Quelquefois, des parents pressés passent en coup de vent, sans prendre le temps d'échanger avec l'éducatrice. Ainsi, Jean-Christophe arrive à la garderie en pyjama, une barre nutritive à la main. Sa maman le dépose en vitesse dans le vestiaire et se sauve au travail après avoir lancé : « Il n'a pas voulu s'habiller ce matin et n'a pas eu le temps de déjeuner. » Il arrive aussi que, fatigués, les parents délèguent une partie de leurs responsabilités à l'éducatrice. Par exemple, le papa d'Arthur demande à l'éducatrice d'asseoir son enfant pour le faire réfléchir, car il a fait une crise dans l'auto.

L'éducatrice a un rôle de soutien au développement, mais le parent est le premier éducateur de l'enfant. Il lui transmet des valeurs, un héritage propre à l'identité même de la famille. C'est pourquoi il est essentiel que le parent ait des échanges avec l'éducatrice, car elle aussi inculque des valeurs aux enfants.

La majorité des éducatrices que je rencontre dans mon travail de formatrice et de consultante ont une grande passion pour leur profession. Elles y investissent du temps et de l'amour. Elles réfléchissent à leurs méthodes éducatives, font des recherches et tentent de bien répondre aux besoins de chaque enfant. Elles peuvent à l'occasion être maladroites dans la communication avec les parents, mais elles ont la même motivation qu'eux : faire en sorte que les enfants s'épanouissent et qu'ils soient heureux. Alors, parents et éducatrices, travaillons ensemble pour l'enfant.

■ **PARENTS ET ÉDUCATRICES**

Les 5 clés pour bien communiquer

1. *Le respect des horaires.* Les retards répétés dérangent l'éducatrice qui est, elle aussi, attendue auprès des siens. Vérifiez si vos besoins de garde peuvent être réellement comblés par l'horaire imposé par le milieu.

2. *Les échanges spontanés et réguliers.* N'attendez pas une difficulté ou une crise pour converser avec l'éducatrice. En plus des informations que vous lui donnez sur ce que vit votre enfant à la maison, rappelez-vous que les échanges réguliers demeurent le ciment de la relation. S'il vous est difficile de vous attarder en début ou en fin de journée, choisissez une journée de la semaine où les échanges seront possibles et informez-en l'éducatrice. Si le milieu de garde vous en fournit un, emportez le carnet quotidien à la maison et lisez-le lorsque la tornade repas-bain-dodo est passée. Signifiez à l'éducatrice que vous l'avez lu en y apposant vos initiales ou encore en y écrivant vos commentaires.

3. *L'intérêt pour les activités.* Le casier de votre enfant recèle des trésors : dessins pour maman, bricolages pour papa, messages portant sur les activités, explications des programmes offerts aux enfants. En vous y intéressant,

vous exprimez clairement à votre enfant que ce qu'il fait, aime et apprend est important pour vous. Affichez votre dessin préféré sur le réfrigérateur. Parlez avec votre enfant des activités ou de ce qu'il a réussi au cours de la journée. Vous démontrez ainsi votre implication dans son développement, dans son milieu de vie.

4. *Les observations concrètes.* Si vous avez des inquiétudes, dites à l'éducatrice ce que vous avez observé. Cela évite le jugement et les critiques, et amène les partenaires que vous êtes dans un processus de résolution de problèmes.

5. *La reconnaissance du rôle professionnel de l'éducatrice.* Dites-lui ce que vous appréciez d'elle. Soulignez ses compétences ainsi que les progrès que vous avez constatés dans le développement de votre enfant.

LE PETIT, SON ÉDUCATRICE
ET SES AMIS DE LA GARDERIE

L'ÉDUCATRICE, FIGURE D'ATTACHEMENT

▼

La relation éducative entre l'éducatrice et l'enfant se développe quand celle-ci apporte des réponses adaptées aux besoins de l'enfant.

La majorité des enfants ont un attachement sécurisant avec leur éducatrice. D'ailleurs, les enfants qui ont vécu un tel lien d'attachement ont moins tendance à s'isoler des autres enfants et s'intègrent bien au milieu scolaire. L'attachement entre l'éducatrice et l'enfant est un lien qui se développe par des soins adéquats et par une réponse sensible aux besoins de l'enfant dans le respect de tous les instants relationnels.

L'éducatrice est bien plus qu'une animatrice. Elle crée des relations qui ont une histoire porteuse de souvenirs, d'expériences, de moments partagés qui influencent son devenir. Ces relations qu'elle tisse avec les petits lui permettent de décoder leurs silences, leurs hésitations. Elles génèrent des émotions chez l'enfant et chez l'adulte qui devient alors sensible aux efforts, aux découvertes et au monde affectif de l'enfant.

Plusieurs facteurs influencent la qualité de la relation éducatrice-enfant, dont les caractéristiques propres à l'enfant. L'enfant affectueux et exigeant récolte plus d'attention et de réponses à ses besoins que l'enfant peu expressif et retiré. Celui qui a vécu des liens positifs avec sa mère a plus de facilité à s'attacher à l'éducatrice.

Les relations entre l'éducatrice et l'enfant varient aussi au gré des approches choisies par celle-ci. Celle qui se centre sur l'enfant crée des liens positifs plus facilement que celle qui opte pour une approche directive et scolarisante. Il est aussi démontré que les éducatrices qui ont une formation adéquate se montrent plus sensibles aux besoins de l'enfant. De plus, la fréquence des interactions positives (encouragements, disponibilité, soutien affectif) agit sur la qualité de la relation.

La stabilité du personnel œuvrant auprès des enfants a un impact déterminant sur la relation. Les enfants, en particulier ceux de moins de 3 ans, qui ont passé plus de 12 mois avec la même éducatrice sont plus susceptibles de développer un attachement.

Le travail d'éducatrice repose avant tout sur la relation, mais il s'agit d'une relation éducative. L'éducatrice a un rôle tutélaire et éducatif. Elle ne remplace pas la mère. Elle n'est que de passage dans la vie de cet enfant qui lui a été confié par les parents. Il ne faut pas que les désirs maternels de l'éducatrice soient projetés sur les enfants dont elle s'occupe. Si l'éducatrice soigne l'enfant, l'accompagne en lui parlant de ses parents, en le situant au cœur de sa vraie réalité familiale, elle lui évite les déchirements de la séparation. «Non, je ne suis pas ta maman. Ta maman, c'est Suzanne. C'est elle qui sait le mieux être ta maman.» Le détachement lors du départ de la garderie se fera sur le mode de la relation éducative et non sur celui d'une relation fortement investie de l'attachement parental.

C'est au fil des relations que l'éducatrice transmet des valeurs de respect, de générosité, d'entraide. Ses encouragements, ses félicitations ou ses réprimandes agissent seulement si elle est devenue significative aux yeux de l'enfant.

Voici, à l'intention des éducatrices, quelques conseils pour développer des bonnes relations avec les enfants.

- Priorisez les relations avec les enfants dans votre programme éducatif. Que chaque enfant puisse vivre du temps seul avec vous. Planifiez des activités en sous-groupe et permettez à l'enfant de jouer seul. Vous pourrez alors soutenir l'enfant individuellement, devenir complice de ses découvertes.

- Prenez conscience des forces, des particularités de chaque enfant de votre groupe. Êtes-vous en mesure de parler de chaque enfant en terme de forces ou de besoins ? Pourriez-vous raconter une anecdote, une tranche de vie en milieu de garde qui décrit bien cet enfant ?

- Dites-vous que l'activité est un prétexte pour créer un lien ou pour stimuler l'enfant. Elle ne représente pas une fin en soi.

- Soyez totalement présente à l'enfant dans tous les moments de vie. Si vous souriez en entendant ses mots d'enfants, si vous vous attendrissez devant ses enthousiasmes, si vous participez volontiers à ses jeux, si vous préparez gaiement un événement pour votre groupe et que vous démontrez une attitude sensible lorsque vous parlez au parent de son enfant, c'est que vous avez ouvert votre cœur à cet enfant et avez su créer un lien significatif.

- Reconnaissez les compétences des parents et accueillez-les. Cet enfant que vous chérissez est issu d'eux. C'est son identité.

Bye, bye, suce!

▼

Le sevrage ou la séparation de la suce doit se faire au rythme de l'enfant. Ce sont les parents et non l'éducatrice qui doivent se charger de cette tâche.

Dès le sixième mois de grossesse, l'enfant tète dans le ventre de sa mère. Pour le bébé, téter est un besoin physiologique, un réflexe instinctif. D'ailleurs, certains adultes ont eux-mêmes recours à des compensations orales pour canaliser leurs tensions (cigarettes, verres, grignotages). Pour le petit, téter la sucette au moment de la sieste et du dodo liquide l'excès de tensions accumulées durant la journée.

La suce calme, console, ramène l'enfant à la tétée chaude et rassurante offerte par maman. D'ailleurs, il y a des moments générateurs de stress où la suce, hier abandonnée par le grand, redevient l'amie indispensable : l'arrivée d'un bébé dans la famille, un déménagement, la fatigue, la maladie, l'intégration d'un milieu de garde...

C'est nous, parents, qui avons glissé cet objet dans la bouche du bébé pour lui faire du bien, pour l'apaiser. Maintenant, nous voulons le lui retirer à un moment que nous jugeons pratique. Or, le sevrage répressif a des répercussions psychologiques. La séparation de cet objet de plaisir doit se faire au rythme de l'enfant. Lorsque l'enfant de 3 ans se passionne à un jeu, y met toute son énergie et sa dextérité, il abandonne peu à peu la suce pour s'investir totalement dans le monde extérieur. Dans la mesure où il se sent en sécurité dans l'exploration et soutenu dans ses découvertes, la suce sera délaissée naturellement. La plupart des enfants passent de la suce à l'objet transitionnel aisément. Le toutou ou la doudou devient l'ami rassurant dans les moments d'insécurité. Peu à peu, le champ d'occupation de la suce se rétrécira de lui-même. Finie la suce quand on joue dehors, le sable et les saletés la privent de son petit goût ; puis finie la suce dans les jeux intérieurs. Enfin, ce sera le nounours qui héritera de la suce à la sieste.

Les critiques du genre « Tu es un bébé » ou « Tes amis n'ont plus de suce » nuisent au sevrage puisqu'elles envoient des messages qui insécurisent l'enfant. Il est difficile pour certains enfants de se séparer de leur suce et cela l'est davantage si cette séparation est imposée. Ce sont les parents et non l'éducatrice qui doivent guider ce passage vers l'autonomie. Ils félicitent leur enfant lorsqu'il se montre capable de laisser la sucette à la maison ou encore lorsqu'il a réussi à dormir sans sa suce. Loin de moi, l'idée de la sucette qu'on visse à la bouche de l'enfant dès qu'il pleure ou qu'il crie. La suce ne remplacera jamais la parole du parent qui console ou encore les câlins qui apaisent. La sucette qui sert à imposer le silence à l'enfant l'empêche de babiller, de s'exprimer. On lui coupe systématiquement la possibilité de manifester son malaise. La tétine bouchon joue le même rôle que la télévision gardienne, elle apporte de la tranquillité aux adultes et coupe l'enfant des relations familiales.

Plutôt que d'avoir recours à la suce systématiquement, il faut se faire assez confiance pour savoir comment consoler l'enfant. Si, malgré les paroles, les câlins amoureux, le petit reste tendu, la suce peut l'apaiser.

Cependant, si l'enfant est passif et qu'il a recours en permanence à sa tétine, il y a là un indicateur qu'il ne faut pas négliger. L'entourage est-il suffisamment stimulant et aimant ? Pourquoi cet enfant ne s'investit-il pas dans les jeux ? Il nous exprime un besoin particulier qu'il faut décoder. Ce n'est pas en lui enlevant sa suce que nous répondrons à son besoin, bien au contraire nous le fragiliserons davantage.

Il s'agit d'être sensible aux périodes où l'enfant de 2-3 ans demande sa suce et chercher à le sécuriser. En bref, mieux vaut laisser la suce à l'enfant et lui proposer une activité intéressante dans un contexte sécurisant. Il abandonnera sa suce de lui-même peu à peu et vous serez peut-être témoin d'une scène d'adieu typique où l'enfant dit « Bye, bye, suce ! ».

Je crie, tu cries, il crie

▼

L'éducatrice a comme tâche de faire comprendre à l'enfant qu'il est maître de son corps et de sa voix.

Le bruit génère du stress et une mauvaise sonorisation dans un local où évoluent des enfants peut nuire à leur apprentissage du langage. La pollution sonore perturbe la discrimination auditive essentielle à l'apprentissage des sons. L'aménagement physique est certes un facteur déterminant dans la gestion du bruit, mais l'environnement humain peut lui aussi devenir source de bruit.

Maître de son corps d'abord, puis de sa voix

Il est difficile pour un petit de moduler sa voix alors qu'il éprouve encore de la difficulté à contrôler ses gestes. De plus, il ne sait peut-être pas ce que signifie concrètement parler *tout doux* ou parler *à voix basse*. L'utilisation d'images l'aide à saisir cette nuance lorsqu'on lui dit : « Tu peux rugir comme un lion quand tu joues dehors, mais lorsque tu vas au cinéma, tu parles tout doux, tu ne fais pas plus de bruit qu'une petite souris. » Pour assimiler une règle, l'enfant doit la pratiquer. Exercez-vous ensemble à parler comme une petite souris lors d'une courte visite à la bibliothèque ou lorsque vous allez chercher un jouet dans la chambre du bébé endormi.

L'enfant doit comprendre qu'il est le maître de son corps, de sa voix. Que c'est lui qui peut d'abord décider de parler doucement et de baisser le ton. L'autorégulation s'apprend d'abord en prenant conscience que l'on est responsable de ses gestes.

Petits trucs pour diminuer les cris des enfants

- L'éducatrice émet une consigne claire: «Je parle près de mon ami». Il faut expliquer que *près de mon ami* signifie que je peux toucher mon ami. On peut illustrer cette consigne par une image montrant deux enfants qui se parlent, l'un deux ayant pris soin de toucher à l'épaule de l'autre. Cette consigne incite aux conversations à proximité.

- L'éducatrice illustre le modèle des interactions verbales à proximité en se déplaçant vers l'enfant concerné pour lui parler. Elle évite de parler de l'autre bout du local.

- Pour attirer l'attention des enfants, l'éducatrice utilise un signe non verbal (lumières éteintes, mains sur la tête placées en chapeau pointu par exemple) et peut aussi baisser son ton de voix. Les enfants devront alors se taire pour l'entendre.

- Elle fait pratiquer la modulation de la voix en chantant avec les enfants doucement puis à voix haute et enfin à voix basse. Elle leur fait remarquer qu'ils ont su baisser la voix. Elle les félicite. «Vous avez réussi à parler tout bas. Vous avez bien compris la règle. Vous vous améliorez.»

- Elle fait travailler le contrôle de soi en faisant faire des jeux qui permettent de pratiquer la modulation de la voix. Par exemple: chants forts et doux en alternance, chuchotements et grosse voix, cris de souris et cris de lions. L'éducatrice doit faire remarquer aux enfants qu'ils sont capables de faire de douces voix, de petits cris de souris, que ce sont eux qui décident de la force ou de la douceur de leur voix. C'est un apprentissage progressif et les attentes doivent être adaptées à l'âge des enfants. La capacité d'arrêter les gestes de lui-même apparaît vers 4 ans. Avant, le petit a besoin de l'aide de l'adulte. Certaines consignes peuvent lui rappeler de baisser le ton (« Chut, chut, on entendrait *bzz bzz* une mouche voler » ou simplement un léger toucher sur l'épaule de l'enfant qui crie). Ce signe devient un code secret pour l'aider à prendre conscience qu'il est capable de parler tout doux.

- Il faut éviter la pollution par le bruit. L'écoute de la radio, de musique et de cassettes d'histoires doit être introduite et animée par l'adulte et non servir de fond sonore.

- L'éducatrice peut utiliser le magnétophone pour faire prendre conscience aux enfants du bruit qu'ils génèrent. L'écoute d'une période de jeux accompagnée de cris suivie d'une période d'échanges à tonalité modérée peut les aider à comprendre ce qu'on entend par « trop fort ».

- Il ne faut pas perdre de vue que certains enfants peuvent avoir un ton de voix trop élevé à cause d'un problème d'audition.

Pousse, tu me déranges !

▼

Certains enfants manifestent de l'agressivité lorsqu'ils voient leur territoire de jeu envahi par d'autres enfants. Les longues heures de garde, les difficultés d'interagir de façon positive et le tempérament sont à considérer dans les cas de conflits de territorialité.

Simon, devenu hérisson

Simon, 3 ans, fréquente le milieu de garde depuis deux ans. Il s'est métamorphosé peu à peu en hérisson. À son entrée, il était souriant, sociable quoique parfois maladroit avec ses pairs, intéressé aux activités de groupe proposées par son éducatrice. Maintenant, il se montre irritable, s'isole, rouspète, et ce particulièrement en fin de journée les jeudis et les vendredis. Il ne tolère plus la présence des autres, pousse, crie et s'impatiente. Par quel sortilège Simon le bon est-il devenu Simon le hérisson ?

Le stress au quotidien

Plus l'enfant vieillit, plus il fait face en milieu de garde à des défis sociaux. Du jeu solitaire à la pouponnière, il évolue vers le jeu symbolique en petit groupe. Son environnement social devient de plus en plus exigeant, les défis sociaux de plus en plus nombreux. C'est tout un travail pour un petit d'apprendre à attendre, à partager, à freiner son impulsivité ! Quand un adulte travaille jusqu'à 10 à 12 heures par jour, sur une longue période, l'épuisement le guette. Il en est de même pour les enfants.

Le cortisol est un indicateur du stress. Il se retrouve notamment dans la salive. Des études récentes ont démontré que les enfants d'âge préscolaire (3-5 ans) peuvent réagir à cet environnement social exigeant en produisant un taux élevé de cortisol. Cette augmentation du taux de cortisol s'observe au fur et à mesure que les heures de garde se prolongent. Plus l'enfant éprouve de la difficulté à entrer en contact avec les autres de façon positive, plus le taux de cortisol est élevé. Il en vient à repousser les autres afin de diminuer le nombre de sollicitations sociales.

Des solutions pour Simon

Simon a besoin avant tout de repos, de quelques jours de congé de la garderie ou de journées écourtées afin de récupérer de toute la fatigue accumulée. À la maison, il y a moins d'interactions, moins de stimuli, moins d'attentes et surtout plus de détente et de tendresse, de cette tendresse toute particulière et enveloppante qui émane des parents.

À la garderie, on doit offrir à Simon l'occasion de s'isoler, de jouer seul, de se soustraire de façon passagère à l'environnement social. Un coin lecture, un coin tendresse, un coussin, le réconfort de sa doudou ou du toutou pourront apaiser l'enfant.

Certains enfants qui souffrent des heures de garde prolongées ont de la difficulté à entrer en contact et à interagir de façon constructive. Ils doivent d'abord apprendre à reconnaître et à exprimer leur besoin de jouer seul. L'adulte doit observer les signes d'exaspération de l'enfant et les lui décrire. Certains enfants tournent le dos à l'enfant qui s'approche d'eux. D'autres émettent un son indiquant leur impatience : « Ah ! ». D'autres se cachent sous les tables ou dans un coin. Certains s'agitent pour exprimer leur besoin de se retrouver seul. Plus ils reconnaîtront ces signes, plus ils seront en mesure de nommer leur besoin et ainsi éviter d'être puni pour avoir poussé ou bousculé un enfant.

Des événements qui font réagir

Ces réactions d'impatience envers les autres peuvent exprimer autre chose qu'un besoin territorial. Elles peuvent manifester une inquiétude face à une séparation, à des disputes, à un deuil ou à une naissance. L'énergie monopolisée à s'adapter aux changements fatigue l'enfant qui s'impatiente plus rapidement.

N'oublions pas que le jeu de l'enfant constitue finalement tout un travail ! Il réfléchit, fait des déductions, relève des défis, suit des consignes, et ce dans un contexte de groupe continuel. L'enfant qui a un tempérament introverti, qui a besoin de se retrouver seul pour consolider ses apprentissages, pour être avec lui-même et se reposer et qui se voit imposer jour après jour un contexte de groupe durant de longues heures, cet enfant-là en a assez de la présence de ses amis. Il peut manifester son inconfort, sa fatigue en déclarant la guerre à quiconque envahit son territoire.

CONTRER LA RIVALITÉ AU SEIN D'UN GROUPE

▼

La compétition entre les enfants est source de
tension. Ne vaut-il pas mieux reconnaître à
chacun ses forces et ses potentialités ?

« C'est moi le plus vite, c'est moi le premier ! » « Mon dessin
est plus beau que le tien ! » Ces disputes témoignent de la rivalité
qui existe au sein d'un groupe d'enfants. Les enfants tentent
d'être reconnus par l'adulte en se comparant aux autres. Cette
compétition génère un climat de tension et amène l'adulte à
intervenir à répétition.

La hiérarchie sociale au cœur des interactions entre les enfants

Tout groupe d'enfants a sa propre dynamique. Chaque
enfant, en jouant, en participant à des conflits et à des discussions, en remarquant les intérêts des pairs en vient à se posi-
tionner dans le groupe. Il appuiera les positions d'un tel,
contredira la même opinion exprimée par un autre. Les préfé-
rences et les rejets se manifestent tôt, vers 3-4 ans.

Comme les groupes d'adultes, les groupes d'enfants sont
constitués de *leaders*, de ceux qui les soutiennent lors de conflits,
d'individus moins affirmatifs qui observent, et d'autres plus
isolés qui préfèrent rester en marge du groupe à cause de leur
tempérament plus introverti. Cette hiérarchie sociale s'instaure
au fur et à mesure des interactions quotidiennes ; peu à peu,
chaque enfant a un statut. Il est donc normal qu'un chef ou que
des chefs se dégagent des luttes de pouvoir qui se jouent dans

les jeux d'enfants. Cette compétition est saine et s'observe entre les enfants. L'adulte demeure observateur et laisse ces situations se dessiner entre les enfants.

Quand rivalité rime avec jalousie

Lorsque les enfants utilisent le rapportage et cherchent aussi à se distinguer des autres aux yeux de l'adulte, il s'agit de rivalité et non de hiérarchie sociale. Dans un contexte de garde, chaque enfant doit développer l'intime conviction qu'il est apprécié tel qu'il est par l'adulte. La reconnaissance de son caractère unique est à la base du sentiment d'identité. Si les enfants ont besoin de dénigrer les autres pour se sentir appréciés, c'est que leur sécurité intérieure est fragile.

Certaines attitudes peuvent générer de la compétition entre les enfants. En voici quelques-unes.

- Le rapportage ou cafardage doit être ignoré par l'adulte sauf dans les situations où ce dont il est question met en péril la sécurité physique. L'adulte ne répond pas au mouchard et agit face au danger. Il faut recentrer le mouchard face à son propre comportement et offrir une consigne claire. Par ailleurs, il ne faut pas oublier que l'enfant qui moucharde cherche souvent à faire plaisir à l'adulte en l'aidant à sévir auprès des enfants qui désobéissent ou encore à être remarqué par son bon comportement. Il est donc essentiel de répondre à son besoin d'être reconnu.

- Il ne convient pas de comparer des productions, des comportements ou des paroles des enfants, car cela génère la compétition. Il faut traiter les enfants comme des êtres uniques et distincts. On doit comparer l'enfant à lui-même, c'est-à-dire en notant et en nommant ses progrès personnels. Le travail de reconnaissance et de valorisation des forces propres à chaque enfant favorise le développement de l'estime de soi. Les enfants se sentent respectés dans leurs différences et n'éprouvent pas le besoin de dénigrer l'autre pour se faire remarquer. Les enfants développent une fierté personnelle lorsqu'ils relèvent, à leur rythme et selon leurs intérêts, de petits défis.

- L'affichage public des comportements des enfants peut aussi générer de la rivalité. Si on veut valoriser les enfants, on doit agir de façon équitable en mettant en évidence un bon comportement et un succès pour chacun. N'est-ce pas là l'essence même du sentiment d'identité personnelle !

Blâmer l'imitateur ou l'instigateur?

▼

Émile, 3 ans, fait une bêtise en imitant Simon, âgé de 5 ans. La réprimande doit-elle s'adresser à Émile, à Simon ou aux deux contrevenants?

Aussi bien Émile que Simon doivent être repris puisque derrière chaque règle il y a une valeur éducative que l'on veut transmettre aux enfants. Même si la bêtise d'Émile résulte de l'imitation d'un plus grand qui devrait avoir acquis une certaine expérience, elle demeure quand même un geste à blâmer. L'éducation consiste non seulement à inculquer des valeurs mais aussi à développer chez l'enfant sa propre conscience. La règle d'or, celle stipulant que chaque enfant est unique, s'applique aussi au plan de la discipline. Chaque enfant doit être jugé par rapport à lui-même.

Est-ce la première fois qu'il agit ainsi? A-t-il progressé dans sa capacité de se contrôler et n'est-ce qu'une rechute? Est-ce là un moyen pour attirer l'attention de l'adulte ou encore pour être reconnu et apprécié de l'instigateur de la bêtise?

Quoiqu'il en soit, l'imitateur doit se faire rappeler que son comportement est fautif et qu'il doit faire ses propres choix. Si cette attitude d'imitation est observée souvent, il devient impérieux de soutenir l'enfant à prendre des initiatives, à développer une confiance en lui, à reconnaître les bons choix et à émettre des idées originales. Ainsi, fort d'une bonne estime, il aura confiance en son propre jugement. Il évitera ainsi d'être blâmé pour des gestes qui ne viennent pas de lui. Il importe de se souvenir également que l'enfant imite parfois pour signifier à l'autre qu'il veut jouer avec lui. Il a donc besoin d'être accompagné par l'adulte pour apprendre à exprimer clairement son intention.

D'ailleurs, on ne peut développer le sens des responsabilités de nos enfants en excusant des gestes sous prétexte que ce sont des imitations.

En présence du parent, l'éducatrice doit-elle intervenir ?

▼

Dès que le parent est présent, c'est lui qui doit intervenir auprès de son enfant. Ce n'est pas toujours facile ni simple.

Lucas, 3 ans et demi, est un enfant sociable, rieur, actif qui sait bien s'amuser. Cependant, lorsque sa mère vient le chercher en fin de journée, il devient impossible. Il court, refuse de s'habiller, sort des jouets. Sa maman éprouve de la difficulté à se faire obéir ; elle lui parle, hausse le ton et lui répète qu'ils doivent partir pour la maison.

Pourquoi se comporte-t-il ainsi devant sa mère ?

Lucas se permet d'afficher un tel comportement devant sa mère parce qu'il sait que peu importe ce qu'il fait, sa mère, continuera d'éprouver pour lui un amour inconditionnel. C'est l'attachement. Il est aussi possible que l'encadrement familial diffère de celui exercé à la garderie. Lucas s'attend donc à ce que maman exprime ses limites plus tard ou qu'elle accepte son comportement alors que l'éducatrice le refuse à cause du contexte du groupe d'enfants.

Qui doit intervenir auprès de l'enfant ?

Il revient au parent d'intervenir auprès de son enfant. Dès que le parent accède au milieu de garde, il reprend son rôle d'autorité. Bien que le parent ait confié à l'éducatrice le mandat de veiller au bien-être de son enfant en son absence, cela ne le décharge pas de sa responsabilité parentale. L'enfant doit savoir et sentir que son parent demeure l'acteur principal de son éducation et que rien ni personne ne peut dépasser son autorité.

Il est dommage de constater que certains enfants agissent en ignorant leurs parents s'ils sont en présence de d'autres adultes. L'enfant doit savoir que, même si une autre personne le prend en charge, que ce soit une éducatrice, une enseignante ou un entraîneur de sport, ce sont ses parents qui demeurent toujours les principaux acteurs. L'enfant grandira toujours sous le regard de ses parents et c'est grâce à cette continuité que l'enfant se construira. Il n'est pas l'addition des perceptions de l'éducatrice, de l'enseignant ou de la voisine. Il a une identité propre et unifiée.

Par conséquent, l'éducatrice doit s'occuper des enfants en l'absence de leurs parents et laisser à ceux qui sont présents la responsabilité d'assumer leur rôle parental. Si la mère de Lucas ressent le besoin d'échanger avec l'éducatrice sur l'attitude de son fils, elle le fera. L'éducatrice n'a pas à s'immiscer dans la relation mère-Lucas. Par contre, si le comportement de Lucas nuit à la sécurité des autres enfants, l'éducatrice doit exprimer clairement sa désapprobation. « Lucas, c'est mon travail de protéger les enfants quand leurs parents ne sont pas là. Je ne peux pas te laisser frapper Emeline. »

Si la maman de Lucas n'arrive pas à calmer son fils et qu'il en résulte des bris de jouets, l'éducatrice doit en parler à la mère seule et lui expliquer son malaise et les conséquences éventuelles du comportement de l'enfant. « Hier soir, je suis montée au rez-de-chaussée après votre départ et j'ai constaté qu'il y avait des jouets près de l'escalier et dans l'entrée alors que nous avions fait le rangement. Cela m'inquiète. Je crains, avec tous les va-et-vient qu'il y a à la garderie, que quelqu'un se blesse. »

Si la situation se reproduit fréquemment, il faut qu'elle dise à la mère: «J'aimerais qu'on regarde ensemble ce qu'on peut faire pour éviter que cela se reproduise. »

En fin de compte, ce que veulent les parents avant tout, c'est un environnement sécuritaire pour leur enfant et la reconnaissance de leur rôle de parents.

LA PLACE DU PETIT DANS NOTRE SOCIÉTÉ

LA FESSÉE AU BANC DES ACCUSÉS

▼

En collaboration avec Germain Duclos

En janvier 2004, la Cour suprême du Canada déclarait que l'article 43 du Code criminel, qui prévoit l'utilisation de la force raisonnable pour corriger un enfant, était constitutionnel. Ainsi, un père, une mère ou un enseignant peut employer « raisonnablement » la force pour corriger un enfant confié à ses soins. Mais en fait, les coups donnés à l'enfant ne servent-ils pas surtout à soulager ceux qui les donnent ?

Face à l'imprécision de cet article 43, deux juges ont exprimé leur inquiétude, ce qui a donné lieu à l'inscription de balises jurisprudentielles : l'usage du châtiment corporel pour les enfants de moins de 2 ans et les adolescents n'est d'aucune utilité éducative, car les petits ne comprennent pas le geste punitif et les jeunes se rebellent davantage lorsqu'ils sont molestés. Quant aux enfants compris entre ces deux groupes d'âge (plus de 2 ans et préadolescence), on considère l'utilisation d'un objet pour infliger la correction et les coups portés à la tête comme préjudiciables.

La loi précise aussi que l'adulte qui a recours à une punition corporelle envers un enfant ne doit utiliser qu'une force de faible amplitude. Toutes ces directives sont claires et compréhensibles mais, dans le cas d'un adulte qui éprouve de la difficulté à se maîtriser et qui est sous l'effet d'une forte colère, il est fort possible qu'il n'en tiendra aucunement compte.

Malgré ces limites implicites, l'article 43 permet donc aux parents de corriger physiquement leur enfant sans encourir de sanctions pénales, alors que la force contre un adulte constitue une infraction criminelle de voies de fait.

Trop peu de réactions

Cette décision a été rapportée par divers médias qui se sont limités à l'interpréter. Nous avons été surpris que peu de leaders en éducation ou de personnes ayant à cœur le bien-être des enfants aient manifesté publiquement leur indignation par rapport à cette décision du tribunal. La Commission québécoise des droits de la personne et de la jeunesse la désapprouve. « La façon de mesurer l'évolution d'une société, affirme-t-elle, c'est de voir la façon dont elle traite ses enfants. »

Le jugement de la Cour suprême est surprenant, compte tenu du fait qu'on observe depuis quelques décennies dans le monde occidental une désapprobation de plus en plus grande de la violence physique entre les humains. Ainsi, par exemple, on note durant les dernières années une importante augmentation de programmes visant l'apprentissage d'habiletés sociales et de résolution pacifique de conflits dans les garderies et les écoles québécoises. Depuis plus de cent ans, on a progressivement interdit les sévices physiques comme mesures punitives : la correction des maris envers leurs épouses (1892), les punitions corporelles des patrons envers leurs apprentis (1953) et, finalement, les châtiments corporels envers les prisonniers (1972).

Dans cette foulée progressiste, seuls les enfants ont été oubliés ou négligés. Ainsi, il est interdit de frapper un criminel mais la loi actuelle accorde ce droit face à un enfant. Le D\u2009Robin Walker, président de la Société canadienne de pédiatrie, interprète ainsi la décision de la Cour suprême : « Au Canada, il n'est pas constitutionnel d'utiliser la force physique contre un adulte mais, apparemment, il est constitutionnel de l'utiliser contre un enfant. »

Si on suit la logique du plus haut tribunal, les enfants canadiens sont considérés comme des sous-citoyens privés d'une pleine protection et de certains droits comme c'est le cas chez les adultes. D'ailleurs, les animaux sont plus protégés que nos enfants. Un parent peut battre son enfant et justifier légalement son comportement par son droit parental mais, s'il bat son chat ou son chien, il peut être condamné pour cruauté envers un animal.

Ici et ailleurs

Un chercheur renommé sur le développement de l'enfant, Richard E. Tremblay, conteste le jugement de la Cour suprême. En s'appuyant sur les travaux de deux chercheurs spécialisés dans l'apprentissage, il mentionne que le châtiment corporel est le moyen éducatif naturel des chimpanzés. Le jugement de la Cour suprême semble appuyer cette tendance naturelle héritée de nos cousins primates. Est-ce qu'elle fait partie de notre bagage génétique d'origine préhistorique ? Peut-être, mais l'intelligence humaine et les mœurs ont beaucoup évolué dans l'ère moderne, et certains pays ont suivi cette évolution. Par exemple, en 1979, la Suède a voté une loi interdisant les châtiments corporels à l'endroit des enfants. À cette époque, 70 % des citoyens s'étaient opposés à cette loi. Vingt ans plus tard, ils n'étaient plus que 10 %. Entre 1982 et 1995, les cas d'abus face aux enfants ont diminué significativement, tandis que les placements en foyer d'accueil ont chuté de 26 % en Suède. D'autres pays comme l'Allemagne, l'Autriche, Chypre, la Croatie, le Danemark, la Finlande, la Lettonie et la Norvège ont pris la même option. Mais le Canada, par la voix de son plus haut tribunal, maintient une position conservatrice même s'il a signé la Convention internationale des droits de l'enfant dont l'article 19 précise que l'enfant doit être protégé contre toute forme de violence, d'atteinte et de brutalité physique.

Abus de pouvoir

Nous considérons que le châtiment corporel est une mesure primitive tout en étant qu'un abus de pouvoir sous le couvert du droit parental. Depuis plusieurs années, nous sommes profondément engagés face aux besoins des enfants, qui constituent notre trésor collectif, les adultes de demain. Nous croyons qu'il est de notre devoir de nous opposer à cette autorisation légale de frapper les enfants, en vertu du respect de leur dignité.

Il y a violence et violence

On distingue la violence physique mineure de la violence sévère ou très sévère. C'est cette dernière que les juges n'approuvent pas.

■ **LA VIOLENCE VUE PAR LA LOI**

Violence mineure

Secouer, brasser l'enfant (de 2 ans et plus).

Taper sur les fesses de l'enfant à mains nues.

Donner une tape à l'enfant sur la main, le bras ou la jambe.

Pincer l'enfant pour le punir.

Violence sévère ou très sévère

Secouer, brasser l'enfant (de moins de 2 ans)

Frapper l'enfant sur les fesses avec un objet comme une ceinture, un bâton ou un autre objet dur.

Donner un coup de poing ou un coup de pied à l'enfant.

Saisir l'enfant par le cou et lui serrer la gorge.

Donner une raclée à l'enfant, le frapper de plusieurs coups et de toutes ses forces.

Frapper l'enfant ailleurs que sur les fesses avec un objet comme une ceinture, un bâton ou un objet dur.

Lancer ou jeter l'enfant par terre.

Donner une claque à l'enfant au visage, sur la tête ou sur les oreilles.

Quelle est la fréquence de ces deux types de violence chez les parents québécois? Une vaste enquête, effectuée en 1999 par l'Institut de la statistique du Québec[1], conclut que près de la moitié (47,8 %) des enfants âgés de 0 à 17 ans ont subi une fois de la violence physique mineure, tandis qu'un enfant sur six a subi de la violence mineure à trois reprises ou plus au cours des 12 mois précédant l'enquête. Pour ce qui est de la violence physique sévère, un enfant sur quinze a subi une fois ce type de violence, et 1 % l'ont subie à trois reprises ou plus durant les 12 mois précédant l'enquête.

Selon cette enquête, 79 % des mères québécoises trouvent que les parents d'aujourd'hui sont trop mous avec leurs enfants. Même si 73 % d'entre elles jugent que le châtiment corporel comporte un certain risque de blessure, près de la moitié considèrent que c'est leur devoir de frapper un enfant s'il le faut. De plus, les deux tiers d'entre elles s'opposent à l'éventualité d'une loi qui interdirait les châtiments corporels envers les enfants. Pourtant, une forte majorité de la population juge pertinente la loi qui interdit de conduire une auto en état d'ébriété à cause des risques que cela comporte. Les parents qui résistent à une loi interdisant les punitions corporelles invoquent le droit parental, comme si les enfants étaient leur propriété. Ils trouvent qu'on doit faire confiance à leur compétence parentale et à leur jugement, ce que n'ont pas, malheureusement, la minorité

---

1. Institut de la statistique du Québec, *La violence familiale dans la vie des enfants du Québec*, 1999.

de parents immatures et impulsifs. En effet, on ne peut nier les facteurs de risque qui ont été clairement identifiés par l'enquête de l'Institut de la statistique du Québec. Ainsi, le taux de violence physique sévère est quatre fois plus élevé quand il y a de la discorde permanente dans le couple, et deux fois plus fréquent dans les milieux économiquement défavorisés. On note également un effet cumulatif de la punition corporelle : un enfant victime de violence physique mineure est sept fois plus sujet à subir des châtiments corporels sévères et de la violence psychologique. Il est à noter que ce sont les garçons, surtout quand ils sont jeunes, qui subissent le plus la violence sévère. Les châtiments corporels diminuent graduellement avec l'âge à partir de 7 ans.

■ **Un exemple à suivre**

Une enquête suédoise a démontré que les parents bien disciplinés et vivant selon leurs valeurs n'avaient pas besoin d'apprendre à leurs enfants à s'arrêter. En étant des exemples vivants, des modèles à imiter pour leurs enfants, ces derniers devenaient, comme eux, peu à peu responsables de leurs actes et sensibles aux autres. Il y a aurait tout avantage à s'inspirer de l'expérience en Suède. En 1979, lorsqu'on a adopté la loi interdisant les punitions corporelles envers les enfants, on a fait une grande campagne d'information et d'éducation pour suggérer aux parents des moyens éducatifs positifs comme solutions de rechange aux punitions corporelles. Cette campagne a beaucoup amélioré les pratiques éducatives des parents.

La fessée, ça laisse des marques !

Dans le langage populaire, quand on parle de la discipline avec les enfants, on entend parfois « Je lui ai donné une bonne fessée » ou « Je l'ai tapé pour son bien ». C'est comme si on vou-lait donner un caractère positif à la punition corporelle. Or, comment une fessée peut-elle être « bonne » quand on inflige de la douleur ? Comment vouloir le « bien » de son enfant quand on lui fait « mal » ?

En réalité, la punition corporelle est une mesure de répres-sion ou de conditionnement par aversion. Cette forme négative de discipline vise l'élimination d'un comportement inacceptable chez l'enfant. C'est une pratique courante dans le dressage des animaux domestiques. Malheureusement, elle sert trop souvent à l'adulte d'exutoire ou de moyen de libération de sa propre tension ou de sa colère. Il est pourtant généralement admis que les coups donnés aux enfants sont inefficaces à long terme. En effet, les châtiments corporels imposent à court terme une obéissance de l'enfant mais il est prouvé qu'à long terme ils produisent de la peur, de l'agressivité, un désir de vengeance ou de révolte et la volonté d'occuper à son tour une position de pouvoir. Ainsi, la violence physique envers les enfants est sou-vent à l'origine de la violence chez les adultes.

L'impact des châtiments corporels

Qu'en est-il des effets affectifs et sociaux des punitions cor-porelles chez les enfants ? Ce qui est le plus précieux pour un enfant est sa relation d'attachement avec ses parents. Lorsqu'il reçoit des coups du parent aimé, l'enfant devient confus quant à la sincérité de l'amour du parent : il est difficile pour lui de comprendre qu'on l'aime en le faisant souffrir. Il est surprenant que Christiane Olivier, une psychanalyste reconnue, dise dans une entrevue donnée à l'émission *Enjeux*, de la Société Radio-Canada : « Moi, je crois qu'on embrasse un enfant avec beaucoup d'amour, et je crois qu'on le tape également avec beaucoup d'amour. À ce moment-là, on se dit : *Je l'éduque, je ne veux pas que mon enfant soit un vaurien !*

Comment taper avec amour, de façon robotisée, comme coupé de l'affect ou de toute charge affective? Nous sommes convaincus que la majorité des parents en seraient incapables, et encore moins ceux qui sont impulsifs. Cette déclaration traduit une mentalité de parents répressifs qui croient encore aux vertus de la «baffothérapie»!

Face à la violence physique, l'enfant vit aussi inévitablement de l'insécurité. Essayons d'imaginer ce que ressent un enfant de 15 kg qui se fait frapper par un adulte de 75 kg: il a peur que l'adulte abuse de sa force et lui inflige des blessures. Il est fort possible qu'il adopte au quotidien un comportement défensif, une hypervigilance ou une méfiance face aux adultes qui l'entourent. Nous avons connu des enfants qui se recroquevillaient sur eux-mêmes dès qu'on s'approchait d'eux. Vivre un sentiment de sécurité physique et psychologique est un besoin de développement chez l'enfant et indispensable à la relation de confiance.

Éduquer sans frapper

Éduquer un enfant consiste essentiellement à répondre à ses besoins de développement et à lui transmettre des valeurs. La transmission des valeurs se réalise d'abord par l'exemple et aussi pas des règles de conduite. En frappant son enfant, le parent lui transmet le message qu'on peut résoudre un problème par la violence physique. Ainsi, l'enfant apprend par ce mauvais exemple que le recours à l'agression corporelle est une façon acceptable de résoudre un problème avec les autres. Des recherches longitudinales ont démontré une corrélation significative entre l'usage des châtiments corporels et des comportements inadaptés et déviants comme la délinquance, la violence, les homicides, l'abus d'alcool et de drogues, les tentatives de suicide… Les abus physiques et la négligence font partie de l'histoire de la majorité des criminels. Il est reconnu scientifiquement que les enfants punis physiquement risquent davantage d'être violents avec leurs camarades.

■ LA PLACE DES ENFANTS

On peut se demander quelle place nos enfants occupent dans notre société lorsqu'on constate qu'on n'investit pas assez de ressources auprès de ceux qui s'occupent d'eux.

- On paie beaucoup plus ceux qui gardent notre argent (banquiers, fiduciaires) que ceux qui gardent nos enfants (éducatrices de garderies), alors que celles-ci font bien plus que garder : elles secondent les parents dans l'éducation de leurs enfants.

- Les éducatrices qui ont une formation collégiale ou universitaire sont beaucoup moins payées que les autres professionnels du même niveau de scolarité.

- Les mères qui quittent leur emploi pour rester à la maison sont peu valorisées. En plus, elles sont pénalisées sur divers plans : ancienneté, fonds de pension, bénéfices marginaux, etc.

- Depuis deux décennies, on a procédé à de grosses coupures budgétaires dans notre système d'éducation, privant ainsi les enfants d'importants services éducatifs.

Les dangers de l'escalade

Interdire tout châtiment corporel à l'égard des enfants est une mesure préventive. En effet, il y a danger d'escalade chez certains parents. Par exemple, si un parent sous le coup de la colère gifle son enfant, il est fort possible que ce dernier réagisse négativement. Face à la protestation de l'enfant, la colère du parent peut augmenter d'un cran, et l'enfant risque d'être frappé plus fort, même à la tête, voire être projeté contre un mur. La gifle du début qui peut paraître anodine aboutit à une agression brutale et dangereuse pour l'enfant. Il est prouvé que les formes mineures de punition corporelle augmentent les risques de dérapage vers des formes plus violentes et abusives.

Certains enfants sont victimes de sévices corporels mais défendent leur parent. Tout enfant veut protéger la relation d'attachement qu'il vit avec le parent, même si celui-ci est abuseur. L'enfant a besoin de se convaincre que son parent l'aime. Pour mériter cet amour, il apprend à refouler sa peur, sa colère et même sa douleur pour ne pas mettre en danger sa relation d'attachement avec lui. Parfois, il est pathétique de constater qu'un enfant justifie les comportements violents du parent.

Il est normal qu'un enfant s'identifie à ses figures d'attachement. Lorsqu'il est en contact avec un adulte qu'il aime et qu'il constate que celui-ci se montre parfois incapable de freiner ses pulsions ou de s'autocontrôler, il est fréquent que l'enfant reproduise ce modèle négatif.

Par ailleurs, un enfant qui se fait battre en vient à n'avoir qu'une faible estime de lui-même. En effet, il déduit de la répétition des châtiments corporels à son égard qu'il n'a pas de valeur aux yeux du parent. Il peut se dire qu'on ne l'aime pas assez pour qu'il soit protégé. Beaucoup d'enfants victimes se sentent coupables à un tel point qu'ils jugent qu'ils ont bien mérité les fessées. Ils en viennent à intérioriser une image négative d'eux-mêmes : ils se jugent méchants et sans valeur.

Les châtiments corporels peuvent générer des effets très négatifs pour l'avenir des enfants. Par exemple, on a fait la preuve sur un groupe de 3335 élèves que les enfants victimes de punitions corporelles ont plus d'accidents et de maladies psychosomatiques que les enfants qui ne sont pas battus. Une enquête canadienne a démontré que, parmi un groupe de 4888 adultes, ceux qui avaient subi la fessée dans leur enfance étaient deux fois plus nombreux à être alcooliques ou toxicomanes.

Choisir la nature de notre influence

Quelle que soit notre méthode éducative, nous influençons nos enfants. À nous de choisir quelle influence nous voulons exercer. Un homme convaincu contre son gré n'a pas changé d'opinion, dit un proverbe allemand. L'enfant soumis de force peut se taire, se restreindre par la peur mais vit indubitablement du ressentiment. Il apprend peu à peu à éviter les situations qui risquent de provoquer le courroux de ses parents. En ce sens, la punition corporelle est efficace.

Notre influence sur nos enfants repose avant tout sur la qualité des relations que nous entretenons avec eux. Une relation de pouvoir, de domination, où la force est utilisée pour contrôler, dresse l'enfant contre l'adulte. L'influence s'exerce par la peur et la dépendance. À l'inverse, une relation significative qui s'appuie sur l'amour et le respect pousse l'enfant à se responsabiliser.

Un cycle intergénérationnel

L'usage fréquent des châtiments corporels banalise les gestes de violence. Certains enfants prennent leur revanche sur les plus petits, car ils ont observé que les grands font de même et qu'avec la force, on obtient ce que l'on veut de l'autre. Parmi les parents qui frappent leur enfant, plusieurs ont été eux-mêmes frappés. De nombreuses recherches ont démontré que le cycle de la violence se perpétue de génération en génération.

Lors d'une rencontre à la garderie, une mère raconta qu'elle avait corrigé son fils qui avait donné des coups à un petit voisin. Elle confia ensuite : « Pourtant quand j'ai su que j'étais enceinte, je m'étais promis de ne pas répéter ce que mon père me faisait. »

Éduquer sans douleur

Presque tous les parents aiment profondément leurs enfants. En général, la punition corporelle n'est pas la manifestation d'un manque d'attachement mais plutôt l'effet d'un sentiment d'impuissance. Dans la vie, il n'y a pas de responsabilité aussi importante que celle d'être parent, et pourtant plusieurs y sont moins préparés. Il n'existe ni cours préparatoire ni école pour devenir parents. Ce nouveau rôle doit s'apprendre assez rapidement, *in vivo*, car les besoins des enfants et les responsabilités éducatives n'attendent pas.

Tous les parents vivent plusieurs sources de stress. Certains d'entre eux sont capables de bien les identifier et de le gérer. Malheureusement, d'autres sont plus vulnérables et démunis. Face à des problèmes de discipline ou d'autres éléments de stress inhérents à la vie familiale, ils sont tendus et en désarroi. Ils se sentent incompétents car ils n'arrivent pas à régler pacifiquement les problèmes de discipline ou les éléments qui perturbent leur vie familiale. Pour contrer ce sentiment d'impuissance, ils frappent les enfants dans l'espoir de reprendre le contrôle de la situation et de vivre de l'harmonie dans la famille. Pourtant, la majorité des parents qui recourent aux châtiments corporels se sentent coupables et incompétents.

Notons toutefois que le recours à la force physique est parfois nécessaire comme mesure de contention à la maison comme à l'école, face à un enfant en crise et désorganisé. Cette mesure doit être utilisée quand tous les autres moyens ont été appliqués uniquement pour protéger l'enfant, pour éviter qu'il ne se blesse ou qu'il n'agresse les autres. Il faut protéger l'enfant sans le frapper.

Les droits des enfants

Le jugement de la Cour suprême nous fait nous interroger sur l'importance qu'on accorde aux enfants dans la société et à ceux qui en prennent soin. Est-ce qu'ils n'ont pas assez de valeur pour avoir les mêmes droits que tous les adultes ? Est-ce que nos enfants occupent une place importante dans notre société ? Parfois, il y a lieu d'en douter devant le peu de ressources investies auprès de ceux qui s'occupent d'eux.

Nous contestons le jugement de la Cour suprême en vertu de notre code d'éthique et de notre engagement inconditionnel face aux enfants. Le risque qu'un seul enfant soit blessé par des punitions corporelles est suffisant pour justifier l'abolition de ce droit parental et éducatif.

Les mains de parents sont faites pour soigner, pour caresser, pour tenir l'enfant quand il apprend à marcher, pour le guider à contempler les merveilles de la vie, pour exprimer tout leur amour. Les mains de parent ne sont pas faites pour lui procurer de la douleur.

■ QUE FAIRE QUAND LA COLÈRE NOUS FAIT VOIR ROUGE

7 conseils pour garder son sang-froid

Le plus aimant et le plus bienveillant des parents peut à l'occasion s'énerver et commettre des erreurs. Mais il faut alors reconnaître la faute et non l'excuser en prétendant qu'il s'agit d'une méthode éducative efficace. En disant à l'enfant que nous nous sommes trompés en manifestant notre colère par des coups ou des claques, nous lui démontrons que même un adulte peut se tromper mais surtout que l'usage de la force pour exprimer la colère où pour obtenir gain de cause est inacceptable.

Il ne s'agit toutefois pas de taire notre déception, notre mécontentement ou notre colère. L'enfant se rend compte que l'adulte est en colère, il sait décoder le ton de sa voix, son attitude corporelle. Chez le petit, ce double message peut être interprété de telle sorte qu'il apprend que la colère est répréhensible, qu'il doit la réprimer puisque même l'adulte n'ose la dire. Il est essentiel que l'enfant sache ce que l'on pense de sa conduite.

1. Exprimez clairement votre désaccord en préservant l'amour-propre de l'enfant. Sa conduite vous déplaît mais il doit pouvoir sentir que jamais son comportement ne fera fondre l'amour que vous lui portez. Les mots blessants frappent, eux aussi, et tuent peu à peu la confiance de l'amour en lui-même et en la relation parentale. Des mots tels que: «Tu n'es plus ma fille» sont autant préjudiciables qu'une fessée.

2. Agissez, réagissez avant d'atteindre le point de non-retour où l'escalade de votre colère a atteint un tel sommet que la fessée devient l'inévitable action. N'attendez pas d'être à bout avant d'exprimer votre désapprobation.

3. Appliquez la règle des 3 R: Recule, Respire et Réagis. Par exemple, vous pouvez vous isoler quelques instants dans la salle de bain pour vous permettre de prendre du recul ou envoyer votre enfant dans sa chambre pour un court laps de temps afin de favoriser le retour au calme. Le confinement à la chambre n'est cependant pas un moment de réflexion. L'enfant ne saurait réfléchir dans l'état d'agitation qui l'habite. Cette pratique vise le retour au calme et non la punition. Elle ne doit pas générer une confrontation où deux volontés s'opposent. L'enfant peut jouer dans sa chambre et en

ressortir quand il aura retrouvé le calme. L'impact de la mesure éducative réside avant tout dans la coupure passagère du lien entre vous et votre enfant. Soyez toutefois conscient que l'utilisation récurrente du retrait de l'enfant ne lui apprendra pas à mieux exprimer ce qu'il ressent. Il est donc important de faire un bref retour après la tempête afin de le rassurer face au lien d'amour. Ce retour permettra la réconciliation et deviendra constructif dans la mesure où vous lui apprendrez comment il aurait pu agir ou s'exprimer au lieu de faire une bêtise ou une crise.

4. Parlez avec l'éducatrice ou l'enseignante de votre enfant. Le partage d'expériences et d'observations permet de mieux identifier ses besoins pour ainsi cibler les interventions susceptibles d'y répondre. Des attitudes éducatives cohérentes entre la famille et le milieu éducatif favorisent le changement de comportement chez l'enfant.

5. Donnez-vous du temps de répit. Le stress relié à notre vie trépidante exacerbe l'impatience. L'exercice, le plein air, la lecture, l'écoute de musique, un long bain chaud ou un bon café en agréable compagnie vous permettra de reprendre contact avec la femme ou l'homme qui existe toujours derrière le parent.

6. Travaillez en équipe avec votre conjoint ou votre conjointe. Convenez d'un code pour indiquer à l'autre qu'il est temps qu'il prenne la relève. Votre enfant constatera que vous partagez les mêmes valeurs. Mettez les mêmes limites et la ronde épuisante de négociations avec l'un et avec l'autre diminuera grandement.

7. Demandez de l'aide extérieure si votre enfant vous fait sortir de vos gonds régulièrement. Si vous envisagez

la fessée ou si vous développez une aversion pour votre enfant, n'attendez pas que la situation dégénère. Allez chercher de l'aide ! Vous aurez alors l'occasion d'avoir des échanges sur les méthodes éducatives susceptibles d'aider votre enfant.

Pourquoi la guerre, maman ?

▼

La télévision offre des images de guerre aux petits d'âge préscolaire. Il importe avant tout de les rassurer par rapport à son propre bien-être.

Christophe, 4 ans, demande à sa maman pourquoi il y a la guerre.

Les enfants sont de plus en plus conscients des horreurs de la guerre, des conflits, du terrorisme. Plusieurs d'entre eux se gavent de télévision. D'autres petits curieux ont les oreilles grandes ouvertes et captent les conversations des adultes. Rien ne leur échappe. Mais comment expliquer à nos enfants une réalité si incompréhensible ?

Les petits d'âge préscolaire ont une vision simpliste de la vie ; il y a des bons qui font des choses permises et des mauvais qui font des choses défendues par les parents. Pour eux, la guerre, c'est la chicane entre des gentils et des vilains. Les vilains qui veulent tuer et les gentils qui se défendent.

Les images à la télévision peuvent toutefois les obséder. Sa pensée magique l'amène à imaginer que les méchants peuvent s'attaquer à lui. Il n'est pas sensible aux malheurs des autres mais très préoccupé par sa propre sécurité. Il a peur qu'il lui arrive quelque chose. Il faut le rassurer : « Tu sais, il y a maman et papa qui sont là pour te protéger. Tu seras toujours auprès de nous. Il y a des gens qui se disputent et qui ne savent pas comment régler leur chicane, mais il y a aussi des gens qui travaillent à établir la paix, à trouver des moyens pour qu'il y ait la paix.

Comme nous faisons pour régler tes chicanes avec ta sœur. À la maison, il y a toi et ta sœur qui se disputent, à la guerre il y a beaucoup de personnes qui n'ont pas appris à se connaître et à se parler. »

Il est inutile d'expliquer les contextes géopolitiques, les enjeux de territorialité ou même les notions philosophiques. Le petit d'âge préscolaire n'a pas encore intériorisé les notions de bien et de mal, il n'a pas acquis assez de maturité pour juger de la probité d'une situation. Il a seulement besoin d'être sécurisé par rapport à son bien-être et d'être initié à l'importance de la résolution pacifique des conflits.

MON ENFANT EST-IL PRÊT POUR LA MATERNELLE ?

▼

Des parents préoccupés

La question de la préparation à la maternelle préoccupe les parents. Certains parents s'informent du programme éducatif du milieu de garde dès l'inscription de leur petit à la pouponnière. Les éducatrices des groupes d'enfants de 4 ans subissent souvent de la pression des parents qui veulent s'assurer que les activités favorisent le développement des compétences nécessaires à la réussite scolaire. Cette préoccupation est justifiée puisque les recherches démontrent que les premières années de vie sont cruciales dans le développement de l'enfant. À 4 ans, l'enfant a déjà développé la moitié de son intelligence[1]. Il est aussi démontré que les services de garde de qualité facilitent l'adaptation à la maternelle, favorisent le développement des compétences préscolaires et réduisent la probabilité de redoublement[2].

Le rôle des milieux de garde

Les éducatrices et les parents ont un rôle à jouer dans le développement des compétences préparatoires à la maternelle. Mais attention au piège de la scolarisation précoce ! La réussite scolaire, c'est bien plus que des notes. C'est le désir d'apprendre qui se manifeste par l'enthousiasme et l'engagement dans les apprentissages. C'est aussi être heureux à l'école en créant des

---

1. EASTMAN, W. *Getting Reading for School,* Chicago : World Book inc., 1987.

2. Centre d'excellence pour le développement des jeunes enfants. *Transition vers l'école et aptitudes nécessaires à l'entrée à l'école ; une conséquence du développement du jeune enfant.* Sara Runin-Kaufman. Publication sur Internet le 3 juin 2004.

liens positifs avec les enfants et les adultes. Proposer aux enfants des activités pédagogiques scolarisantes avant qu'ils ne soient prêts, c'est risquer de détruire ce désir d'apprendre. L'enseignement de l'arithmétique ou de la lecture provoque un stress élevé chez les enfants âgés de 4 et 5 ans. Les échecs subis par les enfants à qui on a imposé des efforts indus peuvent marquer la scolarisation de l'enfant. La confiance en soi de ces enfants est minée, leur sentiment de réussite affaibli et la motivation se détériore. Les activités ludiques servent d'assises solides aux concepts scolaires qui seront abordés plus tard. L'enfant d'âge préscolaire apprend dans un environnement chaleureux, sécurisant, où les expériences variées procurent des apprentissages qui deviennent des composantes pour l'apprentissage futur.

Les milieux de garde doivent susciter et préserver la curiosité naturelle des enfants à s'engager avec enthousiasme dans de nouvelles découvertes en leur offrant un environnement riche d'occasions d'explorer à travers une variété d'activités et de matériels.

Les éducatrices ont un rôle essentiel à jouer dans le développement des habiletés sociales. À la garderie, l'enfant est baigné dans un univers social propice à la pratique et à l'acquisition des compétences sociales. De bonnes capacités à communiquer, à se conformer aux règles sociales, à freiner son impulsivité sont des facteurs reconnus importants pour la réussite de la transition entre le milieu préscolaire et scolaire[3].

Aptitudes nécessaires

Voici quelques aptitudes susceptibles d'aider les parents à déterminer si leur enfant est prêt pour la maternelle.

---

3. DOHERTY, Gillian. *De la garderie à la maternelle. Une transition fondée sur l'expérience vécue en milieu de garde.* Interaction FCSGE, Printemps 2005, p. 35.

Si l'éducatrice de votre enfant vous affirme qu'il fonctionne de façon autonome et efficace, qu'il se développe harmonieusement, qu'elle souligne ses progrès régulièrement, cela peut être un bon indicateur de base.

1. Votre enfant est capable de se séparer de ses parents sans manifester d'angoisse ou d'inhibition.

2. Votre enfant est capable de faire des choix de jeux ou d'activités.

3. Votre enfant est capable d'exprimer ses besoins, de faire ses demandes.

4. Votre enfant est capable d'exprimer ce qu'il ressent.

5. Votre enfant est capable de prendre soin de ses effets personnels (retrouver son sac, ses chaussures).

6. Votre enfant est capable de s'habiller et de se déshabiller.

7. Votre enfant est capable d'utiliser la toilette et de se laver les mains.

8. Votre enfant est capable de participer à des activités en petit groupe.

9. Votre enfant est capable d'avoir des liens sociaux avec d'autres enfants.

10. Votre enfant est capable d'entrer en contact avec des adultes.

11. Votre enfant est capable d'apporter son aide à un autre enfant.

12. Votre enfant est capable de participer à une conversation (tour de parole, écoute).

13. Votre enfant est capable de contrôler ses élans moteurs (marcher à l'intérieur, s'asseoir pour manger, parler à voix basse à la bibliothèque).

14. Votre enfant est capable d'attendre son tour pour obtenir quelque chose (délai raisonnable).

15. Votre enfant fait preuve de coordination visuo-motrice. Il est capable par exemple d'enfiler des boules sur un cordon, de ranger un petit objet dans un contenant, d'empiler des sous.

16. Votre enfant maîtrise bien le langage oral tant au niveau de la compréhension que de l'expression. Il fait des phrases complètes, utilise des mots de liaison (conjonctions, prépositions).

17. Votre enfant est capable de reconnaître des sons identiques (amour, tambour).

18. Votre enfant est capable de s'amuser seul pendant 20-25 minutes.

19. Votre enfant est capable de continuer sa tâche, son jeu, malgré les distractions.

20. Votre enfant est capable de suivre une consigne verbale ayant trois éléments ou une série de trois mouvements. Il saura quoi faire en premier, en deuxième et en dernier.

21. Votre enfant est capable de s'orienter dans l'espace. Il saura se diriger près, loin, à côté, sur, au-dessous d'un élément.

22. Votre enfant sait reconnaître un ensemble d'éléments ayant l'une ou l'autre des caractéristiques suivantes : pareil, différent, plus que, moins que, autant que.

23. Votre enfant est capable de repérer un élément spécifique disposé dans un ensemble d'éléments. Il saura par exemple reconnaître la maison bleue sur la carte postale illustrant un petit village de maisons colorées en campagne.

24. Votre enfant pose des questions sur divers sujets.

25. Votre enfant est capable d'identifier les effets ou les conséquences d'un geste posé. Par exemple, il y a un dégât de lait parce qu'il en a trop versé.

La maternelle, à l'action !

À la maternelle, l'enfant aura l'occasion de développer davantage ses compétences. Il sera en action, faisant des activités ou réalisant des projets. Ses ressources personnelles seront mobilisées et combinées avec les ressources extérieures, les livres, les parents, son enseignante, la bibliothèque, les camarades. Six compétences sont identifiées dans le programme de la maternelle[4].

1. Agir avec efficacité dans différents contextes sur le plan sensoriel et moteur (courir, sauter, grimper, lancer, découper, dessiner, enfiler…).

2. Affirmer sa personnalité (exprimer ce qu'il est, ce qu'il veut, ce qu'il pense, ce qu'il ressent, reconnaître peu à peu ses forces et ses limites).

3. Interagir de façon harmonieuse avec les autres (écouter, négocier, prendre ses responsabilités, résoudre des conflits).

4. Communiquer en utilisant les ressources de la langue (concepts liés au temps et à l'espace, reconnaître l'utilité de l'écrit…).

5. Construire sa compréhension du monde (curiosité, hypothèse…).

---

4. Les Éditions du CHU Sainte-Justine ont publié un livre qui propose des activités et des projets à réaliser en famille afin de stimuler les compétences visées à la maternelle : *Le préscolaire expliqué aux parents dans le contexte de la réforme.* Lucille P. CHAYER et Caroline GRAVEL.

6. Mener à terme une activité et un projet (anticiper des étapes, planifier un travail…).

De la maternité à la maternelle

L'engagement des parents dans le développement de leur enfant commence bien avant l'aventure scolaire. Du premier hochet agité au-dessus du berceau à la sortie faite au Biodôme, le parent participe aux découvertes de son enfant. Ses encouragements, ses réponses, ses enthousiasmes poussent l'enfant à poursuivre, à persévérer, à communiquer. Plus la personne est significative aux yeux de l'enfant, plus ses paroles, ses gestes, deviendront de puissants motivateurs. Le milieu de garde est certes un environnement propice à l'acquisition de nombreuses habiletés, mais le milieu familial demeurera toujours le lieu d'appartenance où l'enfant désire partager ses découvertes et être initié à des projets familiaux.

Ressources

▼

Organismes

Ministère de la Famille, Aînés et Condition féminine

600, rue Fullum
Montréal (Québec) H2K 4S7
Téléphone pour Montréal : (514) 873-2323
Téléphone sans frais : 1-800-363-0310
Téléphone pour Québec : (418) 643-2323
Fax : (514) 873-4250
Site web : www.mfacf.gouv.qc.ca/thematiques/famille/index.asp

Le Ministère a publié plusieurs documents sur les services de garde. Certains sont diffusés gratuitement tandis que les autres sont vendus aux Publications du Québec. Le centre de documentation du Ministère est accessible sur rendez-vous.

Centre québécois de ressources à la petite enfance

4855 Boyer, bureau 238
Montréal (Québec) H2J 3E6
Téléphone : (514) 369-0234
Téléphone sans frais : 1-877-369-0234
Télécopieur : (514) 369-2112
Courriel : enfance@cqrpe.qc.ca
Site web : www.cqrpe.qc.ca

Pour les personnes s'intéressant au développement et au bien-être des enfants de 0 à 6 ans. Le Centre peut vous référer aux services appropriés grâce à une banque d'information sur la vie familiale.

Éducation coup-de-fil

Téléphone : (514) 525-2573
Courriel : ecf@bellnet.ca
Site web : www.education-coup-de-fil.com

Service de consultation professionnelle téléphonique gratuit, confidentiel et anonyme. Pour aider à solutionner les difficultés courantes des relations parents-enfants. Parents, enfants et adolescents peuvent y avoir recours.

La Ligne Parents

C.P. 186, Succ. Place d'Armes
Montréal (Québec) H2Y 3G7
Ligne d'écoute : (514) 288-5555
sans frais : 1-800-361-5085

Intervention et soutien téléphonique pour les parents d'enfants de 0 à 18 ans, 24 heures par jour, 7 jours par semaine. Gratuit, confidentiel et anonyme.

Sites Internet

Carrefour Familles

www.carrefourfamilles.com

Site dédié à la famille pour les parents, les futurs parents et les grands-parents. On y trouve une multitude de textes sur la santé, la psychologie, le loisir ou l'éducation.

Centre d'excellence pour le développement des jeunes enfants

www.excellence-earlychildhood.ca

Le mandat du CEDJE est de favoriser la diffusion des connaissances scientifiques portant sur le développement social et émotif des jeunes enfants et sur les politiques et les services qui influencent ce développement.

Enfant et Famille Canada

Fédération canadienne des services de garde à l'enfance

www.cfc-efc.ca

Site canadien d'éducation publique réunissant plus d'une cinquantaine d'organisations canadiennes à but non lucratif.

Espaces santé

Fédération canadienne des services de garde à l'enfance

www.cfc-efc.ca/espaces-sante

Site interactif conçu pour donner aux parents et aux intervenantes en garderie les renseignements d'ordre pratique pour protéger les jeunes enfants des accidents.

Guide pour résoudre les problèmes comportementaux des enfants d'âge préscolaire

Ministère de la Famille, Aînés et Condition féminine

www.mfacf.gouv.qc.ca/services-en-ligne/a-nous-de-jouer/

Sur ce site, vous trouverez une trentaine de fiches qui traitent des causes de comportements indésirables chez le jeune enfant.

Info famille boulot

Fédération canadienne des services de garde à l'enfance
www.wft-ifb.ca/home_fr.htm

Des dizaines de suggestions et de trucs pratiques afin de concilier le travail et la vie familiale.

Investir dans l'enfance

Fondation Investir dans l'enfance

www.investirdanslenfance.ca

Informations destinées aux parents de jeunes enfants de 0 à 5 ans : développement de l'enfant, relations parents-enfants, etc.

Les conseils de Sylvie

www.aveclenfant.com/conseils/sylvie.html

Des conseils de l'auteur, Sylvie Bourcier, pour permettre d'outiller et de soutenir les parents et les intervenants œuvrant pour la petite enfance.

Enfants-Québec.com

www.enfantsquebec.com

Site de la revue mensuelle Enfants-Québec qui offre des versions abrégées de ses articles publiés au cours des dernières années.

Guide Info-Parents (version web)

CISE - Centre d'information sur la santé de l'enfant / CHU Sainte-Justine

www.chu-sainte-justine.org/fr/famille/cise/

Ce guide, annoté et classé par thèmes, contient les coordonnées de 300 organismes d'aide, 600 liens vers des sites web et plus de 1500 suggestions de lecture pour les parents, les enfants et les ados.

PetitMonde : le portail de la famille et de l'enfance

www.petitmonde.com

Site rassemblant un vaste choix de documentation, de ressources et de renseignements pour les parents d'enfants de 0 à 7 ans.

Soins de nos enfants

Société canadienne de pédiatrie

www.soinsdenosenfants.cps.ca

Site très élaboré contenant de l'information pour les parents sur la santé des enfants et des jeunes enfants, préparée par des pédiatres canadiens.

Web-Crèche
www.web-creche.com/home.asp

Site reliant toutes les structures d'accueil de la petite enfance en France. On y trouve l'annuaire Web-Crèche de la Petite Enfance.

Livres pour les parents

*Le bébé et l'eau du bain : comment la garderie
change la vie de vos enfants*

Collard, Nathalie et Jean-François Chicoine

Montréal : Québec Amérique, 2006.

Comprendre et guider le jeune enfant : à la maison, à la garderie

Bourcier, Sylvie

Montréal : Éditions de l'Hôpital Sainte-Justine, 2004. 161 p. (Collection de l'Hôpital Sainte-Justine pour les parents)

Crèches, nounous et cie : mode de garde, mode d'emploi

Wagner, Anne et Jacqueline Tarkiel
Paris : Albin Michel, 2003. 168 p. (Questions de parents)

*Le développement de l'enfant au quotidien :
du berceau à l'école primaire*

Ferland, Francine

Montréal : Éditions de l'Hôpital Sainte-Justine, 2004. 234 p. (Collection de l'Hôpital Sainte-Justine pour les parents)

L'enfant en colère

Murphy, T.

Montréal: Les Éditions de l'Homme, 2002, 293 p. (Collection Parents Aujourd'hui)

Et si on jouait? Le jeu durant l'enfance et pour toute la vie

Ferland, Francine

Montréal: Éditions de l'Hôpital Sainte-Justine, 2005. 216 p. (Collection de l'Hôpital Sainte-Justine pour les parents)

Favoriser l'estime de soi des 0-6 ans

Laporte, Danielle

Montréal: Éditions de l'Hôpital Sainte-Justine, 2002. 104 p. (Collection de l'Hôpital Sainte-Justine pour les parents)

Jouer avec votre tout-petit

Masi, Wendy S.

Saint-Constant (Québec): Broquet, 2002. 192 p. (Gymboree - Jeux et Musique)

Les grands besoins des tout-petits: vivre en harmonie avec les enfants de 0 à 6 ans

Duclos, Germain, Danielle Laporte et Jacques Ross

Saint-Lambert (Québec): Héritage, 1994. 262 p

Le nouveau Guide Info-Parents: livres, organismes d'aide, sites Internet

Gagnon, Michèle, Louise Jolin et Louis-Luc Lecompte

Montréal: Éditions de l'Hôpital Sainte-Justine, 2003. 462 p. (Collection de l'Hôpital Sainte-Justine pour les parents)

Petit tracas et gros soucis de 1 à 7 ans : quoi dire, quoi faire
Brunet, Christine et Anne-Cécile Sarfati
Paris : Albin Michel, 2002. 391 p. (Questions de parents)

Questions de parents responsables
Dumesnil, F.
Montréal : Éditions de l'Homme, 2004. 247 p.

The Incredible Years : A Trouble-Shooting Guide for Parents of Children Aged 3-8.
Webster-Stratton, C.
Toronto : Umbrella Press, 2001.

Voyage dans les centres de la petite enfance
Daniel, Diane
Montréal : Éditions de l'Homme, 2003. 212 p. (Parents aujour-d'hui)

Livres pour les enfants

À ce soir
Ashbé, Jeanne
Paris : L'École des Loisirs, 1998. 25 p. (Pastel)

Les amis
Dolto, Catherine et Colline Faure-Poirée
Paris : Gallimard jeunesse, 2005. 23 p. (Mine de rien)

Les bisous tout doux
Stanké, Claudie
Montréal : La Courte échelle, 2004. 32 p.

Bonjour, Sacha
Gay, Marie-Louise
Saint-Lambert: Dominique et compagnie, 2003. 27 p. (Stella)

Caillou: la garderie
L'Heureux, Christine
Montréal: Chouette, 2000. 24 p. (Rose des vents)

C'est mon doudou
Bourgine, Laurence
Paris: Intervista, 2005. 81 p

Corentin ne veut pas partager: l'histoire du petit lapin qui apprend à prêter ses jouets
Lambert, Sandrine
Aartselaar: Chantecler, 2005. 23 p. (Corentin)

Destructotor
Tremblay, Carole
Saint-Lambert: Dominique et compagnie, 2005. 30 p.

En route pour la garderie
Clément, Claire
Paris: Bayard jeunesse, 2005. 15 p. (Léo et Popi)

J'ai oublié de te dire je t'aime
Moss, Miriam
Paris: Père Castor Flammarion, 2006. 25 p.

J'aime, j'ai peur, j'ai envie : les petits mots des sentiments
Aladjidi, Virginie
Paris : Albin Michel jeunesse, 2005. 36 p. (Humour en mots)

Je compte jusqu'à trois
Jadoul, Émile
Paris : L'École des loisirs, 2005. 25 p. (Pastel)

Je veux ma maman !
Ross, Tony
Paris : Gallimard jeunesse, 2004. 24 p. (La petite princesse)

Je veux un ami !
Ross, Tony
Paris : Gallimard jeunesse, 2005. 23 p. (La petite princesse)

La nouvelle chambre de Titou
Poillevé, Sylvie
Paris : Père Castor Flammarion, 2003. 21 p. (Histoires de grandir)

Les pas de mon papa
Barcelo, François
Montréal : Imagine, 2005. 24 p. (Mes premières histoires)

Le petit roi
Lévêque, Anne-Claire
Rodez : Éditions du Rouergue, 2005. 28 p.

Que fait Galette à la garderie
Rousseau, Lina
Montréal : Asted, 2006. 24 p. (Bottines)

Ados : mode d'emploi

Michel Delagrave

Devant le désir croissant d'indépendance de l'adolescent et face à ses choix, les parents développent facilement un sentiment d'impuissance. Dans un style simple et direct, l'auteur leur donne diverses pistes de réflexion et d'action.

ISBN 2-89619-016-3   2005/176 p.

Aide-moi à te parler !
La communication parent-enfant

Gilles Julien

L'importance de la communication parent-enfant, ses impacts, sa force, sa nécessité. Des histoires vécues sur la responsabilité fondamentale de l'adulte : l'écoute, le respect et l'amour des enfants.

ISBN 2-922770-96-6   2004/144 p.

Aider à prévenir le suicide chez les jeunes
Un livre pour les parents

Michèle Lambin

Reconnaître les indices symptomatiques, comprendre ce qui se passe et contribuer efficacement à la prévention du suicide chez les jeunes.

ISBN 2-922770-71-0   2004/272 p.

L'allaitement maternel
(2ᵉ édition)

*Comité pour la promotion de l'allaitement maternel
de l'Hôpital Sainte-Justine*

Le lait maternel est le meilleur aliment pour le bébé. Tous les conseils pratiques pour faire de l'allaitement une expérience réussie !

ISBN 2-922770-57-5   2002/104 p.

Apprivoiser l'hyperactivité et le déficit de l'attention

Colette Sauvé

Une gamme de moyens d'action dynamiques pour aider l'enfant hyperactif à s'épanouir dans sa famille et à l'école.

ISBN 2-921858-86-X   2000/96 p.

L'asthme chez l'enfant
Pour une prise en charge efficace
Sous la direction de Denis Bérubé, Sylvie Laporte et Robert L. Thivierge
Un guide pour mieux comprendre l'asthme, pour mieux prévenir cette condition et pour bien prendre soin de l'enfant asthmatique.
ISBN 2-89619-057-0   2006/168 p.

Au-delà de la déficience physique ou intellectuelle
Un enfant à découvrir
Francine Ferland
Comment ne pas laisser la déficience prendre toute la place dans la vie familiale ? Comment favoriser le développement de cet enfant et découvrir le plaisir avec lui ?
ISBN 2-922770-09-5   2001/232 p.

Au fil des jours... après l'accouchement
L'équipe de périnatalité de l'Hôpital Sainte-Justine
Un guide précieux pour répondre aux questions pratiques de la nouvelle accouchée et de sa famille durant les premiers mois suivant l'arrivée de bébé.
ISBN 2-922770-18-4   2001/96 p.

Au retour de l'école...
La place des parents dans l'apprentissage scolaire
(2ᵉ édition)
Marie-Claude Béliveau
Une panoplie de moyens pour aider l'enfant à développer des stratégies d'apprentissage efficaces et à entretenir sa motivation.
ISBN 2-922770-80-X   2004/280 p.

Comprendre et guider le jeune enfant
À la maison, à la garderie
Sylvie Bourcier
Des chroniques pleines de sensibilité sur les hauts et les bas des premiers pas du petit vers le monde extérieur.
ISBN 2-922770-85-0   2004/168 p.

De la tétée à la cuillère
Bien nourrir mon enfant de 0 à 1 an
Linda Benabdesselam et autres

Tous les grands principes qui doivent guider l'alimentation du bébé, présentés par une équipe de diététistes expérimentées.

ISBN 2-922770-86-9   2004/144 p.

Le développement de l'enfant au quotidien
Du berceau à l'école primaire
Francine Ferland

Un guide précieux cernant toutes les sphères du développement de l'enfant: motricité, langage, perception, cognition, aspects affectifs et sociaux, routines quotidiennes, etc.

ISBN 2-89619-002-3   2004/248 p.

Le diabète chez l'enfant et l'adolescent
Louis Geoffroy, Monique Gonthier et les autres membres de l'équipe
de la Clinique du diabète de l'Hôpital Sainte-Justine

Un ouvrage qui fait la somme des connaissances sur le diabète de type 1, autant du point de vue du traitement médical que du point de vue psycho-social.

ISBN 2-922770-47-8   2003/368 p.

Drogues et adolescence
Réponses aux questions des parents
Étienne Gaudet

Sous forme de questions-réponses, connaître les différentes drogues et les indices de consommation, et avoir des pistes pour intervenir.

ISBN 2-922770-45-1   2002/128 p.

En forme après bébé
Exercices et conseils
Chantale Dumoulin

Des exercices et des conseils judicieux pour aider la nouvelle maman à renforcer ses muscles et à retrouver une bonne posture.

ISBN 2-921858-79-7   2000/128 p.

En forme en attendant bébé · Exercices et conseils

Chantale Dumoulin

Des exercices et des conseils pratiques pour garder votre forme pendant la grossesse et pour vous préparer à la période postnatale.

ISBN 2-921858-97-5   2001/112 p.

Enfances blessées, sociétés appauvries
Drames d'enfants aux conséquences sérieuses

Gilles Julien

Un regard sur la société qui permet que l'on néglige les enfants. Un propos illustré par l'histoire du cheminement difficile de plusieurs jeunes.

ISBN 2-89619-036-8   2005/256 p.

L'enfant adopté dans le monde (en quinze chapitres et demi)

Jean-François Chicoine, Patricia Germain et Johanne Lemieux

Un ouvrage complet traitant des multiples aspects de ce vaste sujet: l'abandon, le processus d'adoption, les particularités ethniques, le bilan de santé, les troubles de développement, l'adaptation, l'identité...

ISBN 2-922770-56-7   2003/480 p.

L'enfant malade · Répercussions et espoirs

Johanne Boivin, Sylvain Palardy et Geneviève Tellier

Des témoignages et des pistes de réflexion pour mettre du baume sur cette cicatrice intérieure laissée en nous par la maladie de l'enfant.

ISBN 2-921858-96-7   2000/96 p.

L'estime de soi des adolescents

Germain Duclos, Danielle Laporte et Jacques Ross

Comment faire vivre un sentiment de confiance à son adolescent? Comment l'aider à se connaître? Comment le guider dans la découverte de stratégies menant au succès?

ISBN 2-922770-42-7   2002/96 p.

L'estime de soi des 6-12 ans

Danielle Laporte et Lise Sévigny

Une démarche simple pour apprendre à connaître son enfant et reconnaître ses forces et ses qualités, l'aider à s'intégrer et lui faire vivre des succès.

ISBN 2-922770-44-3   2002/112 p.

L'estime de soi, un passeport pour la vie (2ᵉ édition)

Germain Duclos

Pour développer des attitudes éducatives positives qui aideront l'enfant à acquérir une meilleure connaissance de sa valeur personnelle.

ISBN 2-922770-87-7   2004/248 p.

Et si on jouait?
Le jeu durant l'enfance et pour toute la vie
(2ᵉ édition)

Francine Ferland

Les différents aspects du jeu présentés aux parents et aux intervenants: information détaillée, nombreuses suggestions de matériel et d'activités.

ISBN 2-89619-035-X   2005/212 p.

Être parent, une affaire de coeur
(2ᵉ édition)

Danielle Laporte

Des textes pleins de sensibilité, qui invitent chaque parent à découvrir son enfant et à le soutenir dans son développement. Une série de portraits saisissants: l'enfant timide, agressif, solitaire, fugueur, déprimé, etc.

ISBN 2-89619-021-X   2005/280 p.

Famille, qu'apportes-tu à l'enfant?

Michel Lemay

Une réflexion approfondie sur les fonctions de chaque protagoniste de la famille, père, mère, enfant... et les différentes situations familiales.

ISBN 2-922770-11-7   2001/216 p.

La famille recomposée
Une famille composée sur un air différent

Marie-Christine Saint-Jacques et Claudine Parent

Comment vivre ce grand défi? Le point de vue des adultes (parents, beaux-parents, conjoints) et des enfants impliqués dans cette nouvelle union.

ISBN 2-922770-33-8   2002/144 p.

Favoriser l'estime de soi des 0-6 ans

Danielle Laporte

Comment amener le tout-petit à se sentir en sécurité? Comment l'aider à développer son identité? Comment le guider pour qu'il connaisse des réussites?

ISBN 2-922770-43-5   2002/112 p.

Le grand monde des petits de 0 à 5 ans

Sylvie Bourcier

Ce livre nous présente la conception du monde que se font les enfants de 0 à 5 ans. Il constitue une description imagée et vivante de leur développement.

ISBN 2-89619-063-5   2006/176 p.

Grands-parents aujourd'hui · Plaisirs et pièges

Francine Ferland

Les caractéristiques des grands-parents du 21ᵉ siècle, leur influence, les pièges qui les guettent, les moyens de les éviter, mais surtout les occasions de plaisirs qu'ils peuvent multiplier avec leurs petits-enfants.

ISBN 2-922770-60-5   2003/152 p.

Guider mon enfant dans sa vie scolaire

2ᵉ édition

Germain Duclos

Des réponses aux questions les plus importantes et les plus fréquentes que les parents posent à propos de la vie scolaire de leur enfant.

ISBN 2-89619-062-7   2006/280 p.

L'hydrocéphalie : grandir et vivre avec une dérivation

Nathalie Boëls

Pour mieux comprendre l'hydrocéphalie et favoriser le développement de l'enfant hydrocéphale vivant avec une dérivation.

ISBN 2-89619-051-1   2006/112 p.

J'ai mal à l'école · Troubles affectifs et difficultés scolaires

Marie-Claude Béliveau

Cet ouvrage illustre des problématiques scolaires liées à l'affectivité de l'enfant. Il propose aux parents des pistes pour aider leur enfant à mieux vivre l'école.

ISBN 2-922770-46-X   2002/168 p.

Jouer à bien manger · Nourrir mon enfant de 1 à 2 ans

Danielle Regimbald, Linda Benabdesselam, Stéphanie Benoît
et Micheline Poliquin

Principes généraux et conseils pratiques pour bien nourrir son enfant de
1 à 2 ans.

ISBN 2-89619-054-6   2006/160 p.

Les maladies neuromusculaires chez l'enfant et l'adolescent

Sous la direction de Michel Vanasse, Hélène Paré, Yves Brousseau
et Sylvie D'Arcy

Les informations médicales de pointe et les différentes approches de
réadaptation propres à chacune des maladies neuromusculaires.

ISBN 2-922770-88-5   2004/376 p.

Musique, musicothérapie et développement de l'enfant

Guylaine Vaillancourt

La musique en tant que formatrice dans le développement global de
l'enfant et la musique en tant que thérapie, qui rejoint l'enfant quel
que soit son âge, sa condition physique et intellectuelle ou son héritage
culturel.

ISBN 2-89619-031-7   2005/184 p.

Le nouveau Guide Info-Parents
Livres, organismes d'aide, sites Internet

Michèle Gagnon, Louise Jolin et Louis-Luc Lecompte

Voici, en un seul volume, une nouvelle édition revue et augmentée des
trois Guides Info-Parents : 200 sujets annotés.

ISBN 2-922770-70-2   2003/464 p.

Parents d'ados
De la tolérance nécessaire à la nécessité d'intervenir

Céline Boisvert

Pour aider les parents à départager le comportement normal du patho-
logique et les orienter vers les meilleures stratégies.

ISBN 2-922770-69-9   2003/216 p.

Les parents se séparent...
Pour mieux vivre la crise et aider son enfant
Richard Cloutier, Lorraine Filion et Harry Timmermans

Pour aider les parents en voie de rupture ou déjà séparés à garder espoir et mettre le cap sur la recherche de solutions.

ISBN 2-922770-12-5   2001/164 p.

Pour parents débordés et en manque d'énergie
Francine Ferland

Les parents sont souvent débordés. Comment concilier le travail, l'éducation des enfants, la vie familiale, sociale et personnelle ?

ISBN 2-89619-051-1   2006/136 p.

Responsabiliser son enfant
Germain Duclos et Martin Duclos

Apprendre à l'enfant à devenir responsable, voilà une responsabilité de tout premier plan. De là l'importance pour les parents d'opter pour une discipline incitative.

ISBN 2-89619-00-3   2005/200 p.

Santé mentale et psychiatrie pour enfants
Des professionnels se présentent
Bernadette Côté et autres

Pour mieux comprendre ce que font les différents professionnels qui travaillent dans le domaine de la santé mentale et de la pédopsychiatrie : leurs rôles spécifiques, leurs modes d'évaluation et d'intervention, leurs approches, etc.

ISBN 2-89619-022-8   2005/128 p.

La scoliose
Se préparer à la chirurgie
Julie Joncas et collaborateurs

Dans un style simple et clair, voici réunis tous les renseignements utiles sur la scoliose et les différentes étapes de la chirurgie correctrice.

ISBN 2-921858-85-1   2000/96 p.

Le séjour de mon enfant à l'hôpital

Isabelle Amyot, Anne-Claude Bernard-Bonnin, Isabelle Papineau

Comment faire de l'hospitalisation de l'enfant une expérience positive et familiariser les parents avec les différences facettes que comporte cette expérience.

ISBN 2-922770-84-2   2004/120 p.

Tempête dans la famille
Les enfants et la violence conjugale

Isabelle Côté, Louis-François Dallaire et Jean-François Vézina

Comment reconnaître une situation où un enfant vit dans un contexte de violence conjugale? De quelle manière l'enfant qui y est exposé réagit-il? Quelles ressources peuvent venir en aide à cet enfant et à sa famille?

ISBN 2-89619-008-2   2004/144 p.

Les troubles anxieux expliqués aux parents

Chantal Baron

Quelles sont les causes de ces maladies et que faire pour aider ceux qui en souffrent? Comment les déceler et réagir le plus tôt possible?

ISBN 2-922770-25-7   2001/88 p.

Les troubles d'apprentissage: comprendre et intervenir

Denise Destrempes-Marquez et Louise Lafleur

Un guide qui fournira aux parents des moyens concrets et réalistes pour mieux jouer leur rôle auprès de l'enfant ayant des difficultés d'apprentissage.

ISBN 2-921858-66-5   1999/128 p.

Votre enfant et les médicaments: informations et conseils

Catherine Dehaut, Annie Lavoie, Denis Lebel, Hélène Roy et Roxane Therrien

Un guide précieux pour informer et conseiller les parents sur l'utilisation et l'administration des médicaments. En plus, cent fiches d'information sur les médicaments les plus utilisés.

ISBN 2-89619-017-1   2005/336 p.

MEMBRE DU GROUPE SCABRINI

Québec, Canada
2006